BUNTE
KOSMOS
TASCHEN
FÜHRER

D1942527

Bunte Kosmos-Taschenführer

Weitere Bücher für den Naturfreund aus dieser Reihe:

Pflanzen: Aichele, Das blüht an allen Wegen – Aichele, Hier find ich Deutschlands schönste Pflanzen – Aichele/Schwegler, Bunte Welt der Alpenblumen – Aichele/Schwegler, Die Natur im Jahreslauf – Bechtel, Bunte Welt der Kakteen – Bechtel, Bunte Welt der Zimmerblumen – Bechtel, Exotische Orchideen – Haas/Schrempp, Pilze, die nicht jeder kennt – Haas/Schrempp, Pilze in Wald und Flur – Kohlhaupt, Bunte Welt der Orchideen – Kremer, Pflanzen unserer Küsten – Kult, Kosmos-Pilzfibel – Rein, Bunte Welt der Gartenblumen – Rüdt, Heil- und Giftpflanzen – Sanderse, Pflanzen als Aquarienschmuck – Schönfelder, Das blüht am Mittelmeer – Zech, Bäume und Sträucher – Zech, Bunte Welt der schönen Rosen

Tiere: Adrian, Große Hunde – Adrian, Kleine Hunde – Aichele, Das fängt man mit der Angel – Bechtel, Bunte Welt der Stubenvögel – Bechtle, Bunte Welt im Terrarium – Entrop, Muscheln und Schnecken an Europas Küsten – Hoeher, Vogelkinder und ihre Eltern – Jurzitza, Unsere Libellen – Neugebauer, Korallenfische im Aquarium – Pfletschinger, Bunte Welt der Insekten – Pfletschinger, Einheimische Spinnen – Rein/Zech, Wunderwelt der Schmetterlinge – Rohm, Bunte Welt der Vögel – Splechtna/Hilgers, Niedere Tiere im Meeresaquarium – Schwammberger, Bunte Welt der Tiere – Thies, 62 Katzen in Farbe – Weiß, Bunte Welt der Tropenfische – Weiß, Fische fürs Gesellschaftsbecken

Minerale, Steine und Versteinerungen: Hartmann/Binnewies, Edelsteine – Lieber, Bunte Welt der schönen Steine

Biotopführer: Aichele/Schwegler, Die Natur in unserer Stadt – Aichele/Schwegler, Lebensraum Alpen – Aichele/Schwegler, Seen, Moore, Wasserläufe – Aichele/Schwegler, Wald und Forst

Reiseführer für Naturfreunde: Ballenberger/Haas, Die Schwäbische Alb in Farbe – Bechtel, Der Niederrhein in Farbe – Bechtle, Der Neusiedler See in Farbe – Bechtle, Provence und Camargue in Farbe – Bechtle, Stuttgart für Naturfreunde – Gruber, Der Schwarzwald in Farbe – Grupe, Naturschutzpark Lüneburger Heide in Farbe – Haeupler, Der Harz in Farbe – Heierli, Graubünden in Farbe – Janus, Das Watt – Jung, Sauerland und Siegerland in Farbe – Körber, Die Allgäuer Alpen in Farbe – Matthes, Die Felsenküste der Adria – Roth, Westerwald und Siebengebirge in Farbe – Sauer, Das bayerische Voralpenland in Farbe – Sauer, Die Eifel in Farbe – Streble, Was find ich am Strande? – Tuchen, Die Vogesen in Farbe – Vogt, Teneriffa in Farbe

Jasper Nissen

Pferde und Ponys

Rassen und Schläge,
vorgestellt in 60 Farbfotos

Kosmos · Gesellschaft der Naturfreunde
Franckh'sche Verlagshandlung · Stuttgart

Umschlag von Edgar Dambacher
unter Verwendung eines Farbfotos von Sally Anne Thompson
Das Bild zeigt einen Furioso-Northstar, Beschreibung S. 30
Mit 60 Farbfotos von A.S.H.-Society S. 9/u; Baltzer S. 53/u; Ernst S. 13/o, 17/u, 19/u, 37/o, 43/o, 51/u, 57, 61/o, 63; Lichtbildstelle BMfLuF Wien S. 41/o; Lindenburger/Mittermeier S. 33/o; Manach-ERA-France S. 13/u, 19/o; Raczkowska S. 67/o; Reinhard S. 27/u; Roberts S. 25/o, 31/u, 61/u; Roebild (Müller) S. 23/o; Sting S. 15/o; Thompson S. 9/o, 11, 15/u, 17/o, 21, 23/u, 25/u, 27/o, 31/o, 35/u, 37/u, 39, 41/u, 43/u, 45/u, 47, 49, 53/o, 55/o, 59; Tiedemann S. 29, 33/u, 35/o, 45/o, 51/o, 55/u, 65/o, 67/u; Archiv S. 65/u
59 Zeichnungen von Gisela Holstein

CIP-Kurztitelaufnahme der Deutschen Bibliothek

Nissen, Jasper
Pferde und Ponys : Rassen u. Schläge, vorgestellt in 60 Farbfotos. – 1. Aufl. – Stuttgart : Franckh, 1978.
(Bunte Kosmos-Taschenführer)
ISBN 3-440-04552-8

Franckh'sche Verlagshandlung, W. Keller & Co., Stuttgart/1978
Alle Rechte, insbesondere das Recht der Vervielfältigung, Verbreitung und Übersetzung vorbehalten. Kein Teil des Werkes darf in irgendeiner Form (durch Fotokopie, Mikrofilm oder ein anderes Verfahren) ohne schriftliche Genehmigung des Verlages reproduziert oder unter Verwendung elektronischer Systeme verarbeitet, vervielfältigt oder verbreitet werden.
© 1978, Franckh'sche Verlagshandlung, W. Keller & Co., Stuttgart
Printed in Italy/Imprimé en Italie/LH 9 be/ISBN 3-440-04552-8
Satz: Konrad Triltsch, Graphischer Betrieb, Würzburg
Herstellung: Grafiche Muzzio, Padua/Italien

Pferde und Ponys

Einleitung

Neben dem Hund ist nur das Pferd zum Menschen als Haustier in einen näheren Kontakt getreten, da es von ihm nicht als Schlachttier, als Produzent von Fleisch, Milch, Wolle oder Leder gehalten wurde. Es wurde sein Kampf-, Jagd- und Weggenosse. Seit seiner Zähmung bis zur Erfindung der Maschinen war das galoppierende Pferd der Maßstab höchster Schnelligkeit auf der Erde. Über Jahrtausende hat das Pferd den Menschen begleitet, in Krieg und Frieden. Vom Sattel aus wurden Reiche erobert oder errichtet, mit seiner Hilfe Kontinente verwüstet oder kultiviert.

Zwei voneinander durch Milieu-Einflüsse stark differenzierte Urtypen des prähistorischen Pferdes bilden die Grundlage aller heutigen Rassen: eine Steppenform, die als Ausgangsform aller heutigen leichten Rassen gelten muß, und eine Waldform, die als Stammvater unserer Kaltblutrassen anzusehen ist. Aus der Kombination dieser beiden Formen und durch planmäßige Zuchtwahl entstanden die zahlreichen „warmblütigen" Rassen.

Der größte Einbruch in die Nutzung des Pferdes fand in diesem Jahrhundert statt. Betrachten wir hier stellvertretend für die Gesamtentwicklung diejenige in der Bundesrepublik Deutschland:

Nach dem II. Weltkrieg kam es im Gefolge der Technisierung und Automatisierung von Wirtschaft und Landwirtschaft zu einem Rückgang der Pferdehaltung und Pferdezucht von nie geahntem Ausmaß. Der Überhang an älteren Pferden, die nicht mehr gebraucht wurden, die hohen Aufzuchtkosten, die niedrigen Pferdepreise führten zu ausgedehnten Fohlen- und Pferdeschlachtungen und zugleich zu einem so starken Rückgang des Bestandes an Zuchtstuten und -hengsten, daß eine Fortführung mindestens der Kaltblut-, vielleicht auch der Warmblutzucht ernstlich in Frage gestellt schien. 1950 betrug der Gesamtpferdebestand etwa 1,5 Millionen, 1975 etwa 300 000. Bei diesem Rückgang hat die Kaltblutzucht die größten Einbußen erlitten. Die Warmblutzucht hat sich, soweit es ihr gelungen ist, sich auf die Produktion eines marktgängigen, vielseitig geeigneten Reitpferdetyps umzustellen, in ihrem Stutenbestand verjüngt und zahlenmäßig eingependelt. Die Wege, die die einzelnen Zuchten in diesem Umformungsprozeß beschritten haben, sind verschieden. Nicht alle haben zu dem angestrebten Erfolg geführt.

Aufgrund des durch die fortschreitende Technisierung und den damit verbundenen sozialen Wohlstand wesentlich vergrößerten Freizeitangebots haben wir als eine seiner Folgen ein ungeahntes Aufblühen des Pferdesports erlebt. Volksschichten, die früher nie etwas mit dem Pferde zu tun hatten, haben plötzlich ihr Interesse dafür entdeckt. Der Pferdesport war noch nie so populär wie heute. Der verstädterte Mensch versucht, der ihn überall umgebenden Technik zu entfliehen im Umgang mit dem Tier. Alle Sparten des Pferdesports wie Galopp- und Trabrennen, Dressur-, Spring- und Militaryreiten, Fahren, Jagdreiten, Geländereiten, Ponytrekking, Voltigieren etc. haben breitesten Publikumsrückhalt. Pferderennen und Turniere wetteifern erfolgreich an Beliebtheit mit Veranstaltungen anderer Massensportarten.

So wird das Pferd bleiben!

Achal-Tekkiner

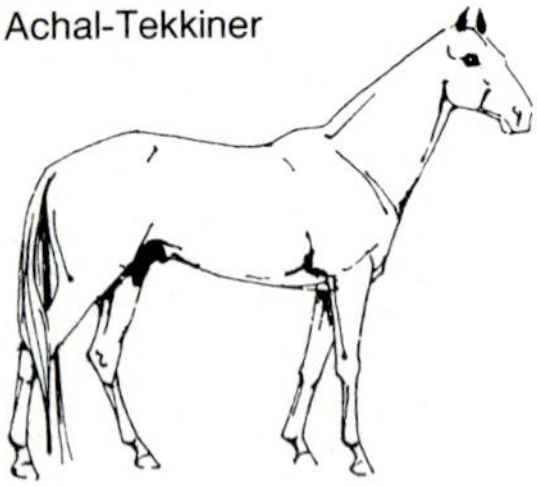

American Saddle Horse

Achal-Tekkiner
Überaus edle Steppenpferdrasse; ausschließlich als Reitpferd verwendet; ungewöhnlich hart und ausdauernd; rassig, hoch im Blut stehend; ausgeglichene Zucht; intelligent, charakterlich einwandfrei, doch oft recht schwierig im Temperament; erfordert großes Einfühlungsvermögen bei der Ausbildung.
Gesamteindruck dem arabischen Muniqi-Typ nahe; von auffallender Schönheit; leichter Kopf mit großen, ausdrucksvollen Augen; langer, hoch aufgerichteter Hals; langer, muskulöser Rumpf; überaus trocken und sehnig; Haut und Haar von außerordentlicher Feinheit, Mähnenhaar oft sehr spärlich, teilweise fehlen Schopf und Mähne völlig. Ungewöhnlich schöne, gleichsam changierende Farben; Isabellen und Falben häufig. Weiche, elastische Bewegungen; großes Galoppiervermögen; Springanlage.
Zuchtgebiet UdSSR, vor allem Turkmenische, Kasachische, Usbekische und Kirgisische Republik. Achal-Tekkiner waren bereits zu Zeiten Alexanders des Großen berühmt; seit der Antike trieb man konsequente Zuchtwahl. Die Rasse ist geprägt durch Jahrtausende des Steppenlebens; seit dem vorigen Jahrhundert wird sie planmäßig zur Veredelung anderer russischer Rassen verwendet.

American Saddle Horse
Hochveredeltes, elegantes Reitpferd; ehemals Remonte der amerikanischen Kavallerie; ausdauernd, hart; lebhaftes Temperament, guter Charakter; heute hauptsächlich als Show Horse verwendet. Drei Typen: 1. Threegaited Saddle Horse, 2. Fivegaited Saddle Horse, 3. Fine Harness Horse.
Ziemlich edler Kopf mit großen, ausdrucksvollen Augen; hochgetragener, gebogener Hals; hoher Widerrist; gut gelagerte Schulter; starke, gerade Oberlinie; schön angesetzter und getragener Schweif (in der Regel durch operativen Eingriff unterstützt); trockene Gliedmaßen mit kräftigen, markierten Sehnen und Gelenken; gesunde, nicht sehr große Hufe. In allen drei Gangarten energische, fördernde Bewegungen, besonders die Trabaktion hoch und räumend; Unterscheidung von „threegaited“, d. h. drei Gangarten (Schritt, Trab, Galopp) und „fivegaited“, d. h. zusätzlich noch Paß und Rack (Rennpaß).
Ursprünglich nur in Kentucky und Virginia gezüchtet, heute in ganz Amerika verbreitet. Entstanden im 18. und 19. Jahrhundert wahrscheinlich aus der Kreuzung von Narragansett Pacern und kanadischen Stuten unbekannter Herkunft und Abstammung; später Veredlung mit Englischen Vollbluthengsten. Als Stammvater der modernen Saddle Horse Zucht gilt der Vollbluthengst Denmark.

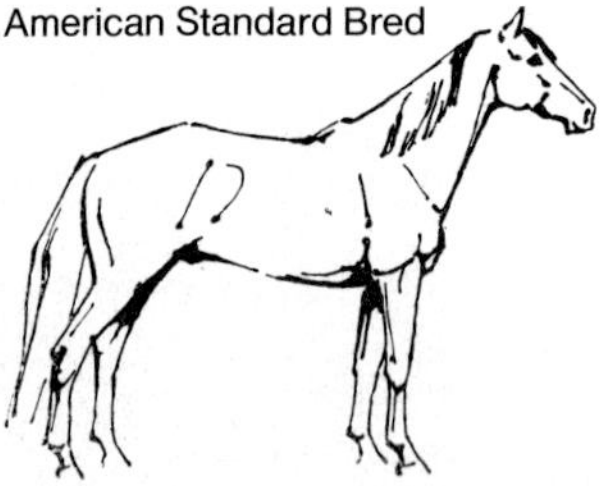

American Standard Bred

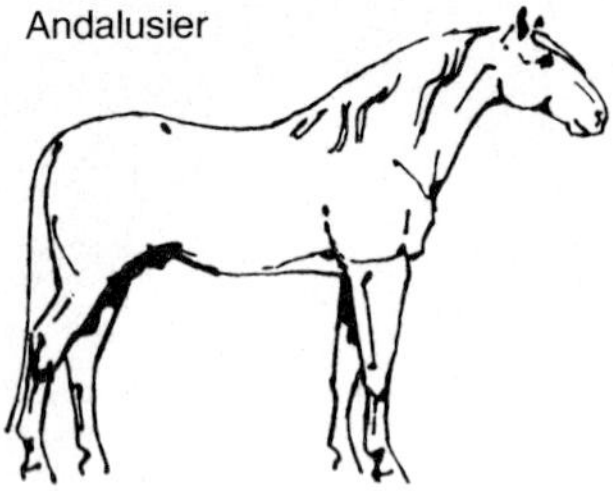

Andalusier

American Standard Bred
Rennpferd für Trab- beziehungsweise Pacerennen; unterscheidet sich in einer Reihe spezifischer Points vom Englischen Vollblut, die aus seiner ausschließlichen Selektion auf Trab- beziehungsweise Paßleistung im Sulky resultieren. Vorzügliche Temperaments- und Charaktereigenschaften; überdurchschnittliche Intelligenz; eifrig, hart, ausdauernd.
Kopf meist nicht sonderlich klein, nicht selten ramsnasig, langgestreckt; Ohren lang; Schulter steil, im rechten Winkel (Traberwinkel) zum Oberarm; wenig ausgeprägter Widerrist; Rücken oft lang und weich mit schlechter Verbindung zur Hinterhand; überbaute Kruppe (trotting pitch); Hintergliedmaßen lang, steil, nicht selten kuhhessig gestellt; hervorragende, wohlgeformte, nicht zu kleine Hufe. Dunkle Farben mit wenig Abzeichen. Hauptgangart Renntrab oder Rennpaß.
Erste Anfänge der Zucht Ende des 18. und Anfang des 19. Jahrhunderts mit dem Ausbau des Straßennetzes in der Neuen Welt; später dann Organisation von Trabrennen, Aufstellung einer Leistungsnorm, die der Rasse ihren Namen gab; Standard wiederholt heraufgesetzt; großer Einfluß der Rasse auf die Traberzuchten der übrigen Welt.

Andalusier
Alte Kulturrasse Spaniens; mittelgroßes, edles, gefälliges Pferd mit feurigem Temperament; beliebt als Zirkuspferd und für den Stierkampf zu Pferde.
Gesamteindruck ein wenig weich, ziemlich runde Formen, trotzdem im ganzen ausgesprochen elegant; langgestreckter Kopf, nicht selten mit Ramsnase; große, feurige Augen; ziemlich tief angesetzte, kleine Ohren; schön aufgesetzter, gebogener Hals; gedrungener Rumpf; Widerrist niedrig; Kruppe rund mit wenig getragenem tief angesetztem Schweif; Gliedmaßen meist ein wenig zu leicht im Verhältnis zum Körper; Sprunggelenke oft mangelhaft. Schimmelfarbe häufig. Bewegungen recht erhaben, elegant, aber wenig raumgreifend.
Zuchtgebiet Spanien, Provinzen Cadiz, Sevilla, Medina Sidonia. Der Andalusier geht zurück auf das iberische Pferd der Antike. Bedeutender Einfluß auf die Zucht durch die Einführung von Berbern und Arabern unter den Mauren. Blütezeit im 16. und 17. Jahrhundert, als der Andalusier zum Stammvater fast aller europäischen Reitpferdezuchten wurde. Seine direkten Nachkommen sind z. B. Lipizzaner, Kladruber, Frederiksborger, aber auch die Ostfriesen, Oldenburger, Holsteiner und Orlowtraber gehen mittelbar auf den Andalusier zurück. In jüngster Zeit zur Erzeugung von Springpferden Kreuzung mit Englischem Vollblut.

Centenario
Terry

Anglo-Araber

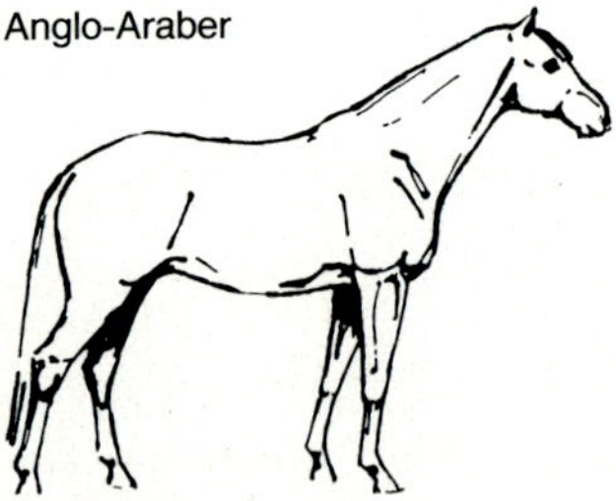

Anglo-Normänner

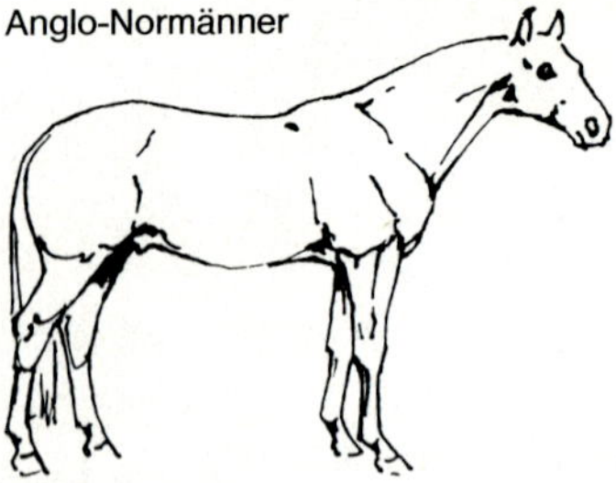

Anglo-Araber
Sehr edles, leichtes, elegantes Reit- und Sportpferd, oft mit ungewöhnlichen Springanlagen; entstanden aus der Kreuzung von Englischem und Arabischem Vollblut; nicht so robust wie der Araber und nicht so schnell wie das Englische Vollblut.
Sehr gefälliges Äußeres; überaus edel; vereinigt Schönheit und Harmonie des Arabers mit dem Rahmen des Englischen Vollblüters. Schimmel häufig. Guter Schritt; langer, flacher Trab; raumgreifender Galopp; hervorragendes Springvermögen.
Seit dem vorigen Jahrhundert in ganz Europa Versuche, durch Kreuzung Englischen Vollbluts mit Orientalen die Vorzüge beider Rassen in einem Pferdetyp zu vereinigen. Konsolidierte Zuchten nur in Südfrankreich, Polen und Ungarn. In Polen und Ungarn Kreuzung von Kuhaylan- und Saqlawi-Typen, in Frankreich von Muniqi-Typen und Englischem Vollblut. In Polen eigene Rasse Malopolska.

Anglo-Normänner (Selle Français)
Die alte *Normänner* Rasse geht auf die bodenständige armorikanische Rasse zurück, deren Blüte zur Maurenzeit in Südwestfrankreich lag. Seit der Zeit der Kreuzzüge fand eine stete Aufwärtsentwicklung statt bis zur Regierungszeit Ludwigs XIII. Unter Ludwig XIV. und XV. allmählicher Niedergang, dem man durch die wahllose Einkreuzung fremdblütiger Hengste zu steuern suchte. Gegen Ende des 18. Jahrhunderts einsetzende, sehr vielversprechende Versuche der Krone, die Zucht zu reformieren, wurden durch die Revolution und die Kriege Napoleons unterbrochen. Zu Beginn des 19. Jahrhunderts war der alte Normänner praktisch untergegangen. Seit etwa 1830 gezielte Maßnahmen der französischen Gestütsverwaltung zum Wiederaufbau der Zucht mit Hilfe der Einkreuzung von Englischem Voll- und Halbblut und Leistungsprüfungen im Trabe.
Große Bedeutung der nun als *Anglo-Normänner* bezeichneten Rasse bei der Entstehung einer Reihe europäischer Warmblutzuchten (z. B. Oldenburger, Württemberger, Nonius) und des Französischen Trabers.
Bis zur Einführung des heute ausschließlich auf ein vielseitiges Reitpferd ausgerichteten Zuchtziels (1968) bestanden drei klar voneinander getrennte Typen: 1. Der Karossier-Typ, 2. der Wirtschaftstyp (Cob, an der Grenze zum Kaltblut) und 3. der Reitpferde-Typ, der jetzt ausschließlich geblieben ist. Der moderne Anglo-Normänner ist der Prototyp des sogenannten *Selle Français,* ein im Warmbluttyp stehendes großes kräftiges Reitpferd mit vorzüglichen Springanlagen.

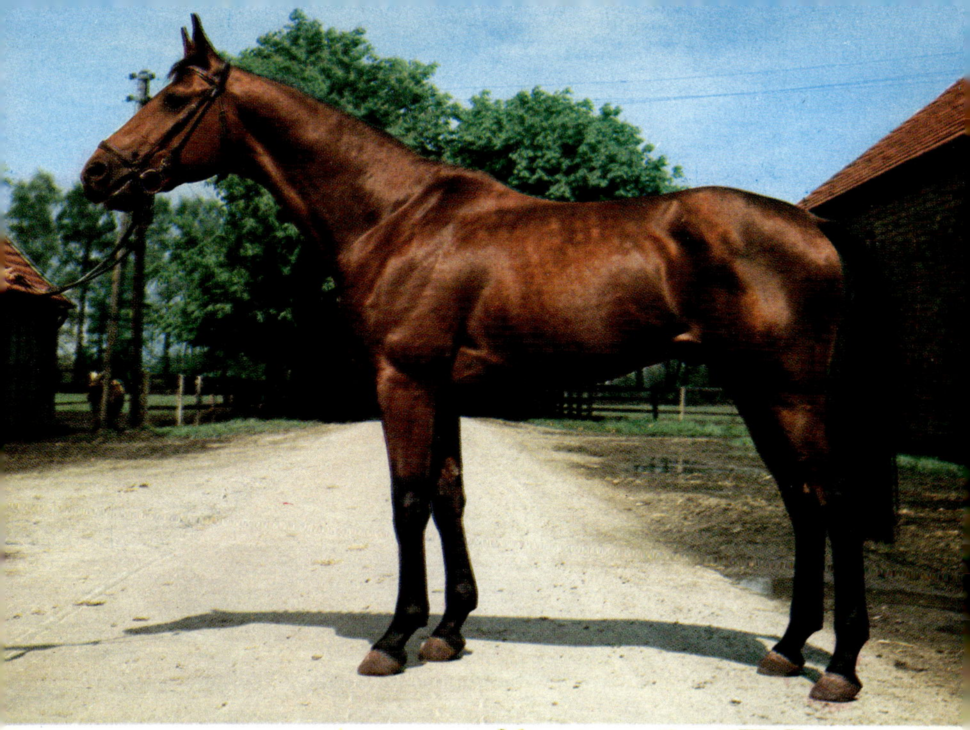

Arabisches Vollblut

Ardenner

Arabisches Vollblut
Edelste Kulturrasse der Welt; elegantestes Reit- und Kutschpferd, Rennpferd; von großer Schönheit, Harmonie und Ausdauer; vorzügliche Konstitution; hohe Intelligenz.
Im Quadratformat stehend, außerordentlich trocken; leichter, eckiger Kopf mit breiter Stirn; kleine, gespitzte Ohren; etwas vorstehende, große, feurige Augen; starke Einsenkung am Nasenbein (Araberknick); gebogener, feiner Hals; hoher Widerrist; kurzer Rumpf; sehnige, trockene Beine; kleine, runde und harte Hufe. Harmonische, elastische, aber nicht sehr raumgreifende Bewegungen; oft mangelhafter Schritt; Trab vielfach mit etwas Knieaktion; leichter Galopp.
Das Arabische Vollblut geht vermutlich zurück auf Pferde Nordpersiens und des südrussischen Steppengürtels und wurde im Lauf der Geschichte unmittelbar oder mittelbar Stammvater aller warmblütigen Pferderassen der Welt. Seit dem 8. Jahrhundert vor Christus Araberzucht; ursprünglich nur auf dem Hochland des Nedjed, der arabischen Halbinsel. Systematische Reinzucht und Ausbreitung der Rasse mit der Ausbreitung des Islam im 7. Jahrhundert nach Christus. Heute in zahlreichen Gestüten der ganzen Welt. Drei als Biotypen bezeichnete Hauptstämme: Kuhaylan, Saqlawi und Muniqi. Als *Araber* werden im arabischen Typ stehende Pferde bezeichnet, die sich nicht auf Original-Araber zurückführen lassen; als *Halbblutaraber* Pferde mit einem gewissen Anteil arabischen Blutes.

Ardenner
Mittelschweres, patentes, außerordentlich arbeitsfreudiges Kaltblutpferd; harte Konstitution; absolut zugfest; energisches Temperament und frommer Charakter.
Eckiger, ausdrucksvoller Kopf; breiter, muskulöser Hals; runder, geräumiger Rumpf; kurzer, kräftiger Rücken; oft recht abschüssige, kurze Kruppe; kurze, sehr kräftige Gliedmaßen; schwere Hufe. Schimmel vorherrschend. Energische Bewegungen im Schritt und Trab.
Zuchtgebiete belgische und französische Ardennen, bedeutende Nachzucht in Südwest- und Mittelschweden. Bereits zu Caesars Zeiten war der Ardenner bekannt und hochgeschätzt; im Frühmittelalter Einkreuzung arabischen Blutes. Beliebtes Arbeitspferd, das zur Verbesserung verschiedener anderer Kaltblutrassen verwendet wurde, zum Beispiel in Schweden, den USA und der Bundesrepublik Deutschland.

Berber

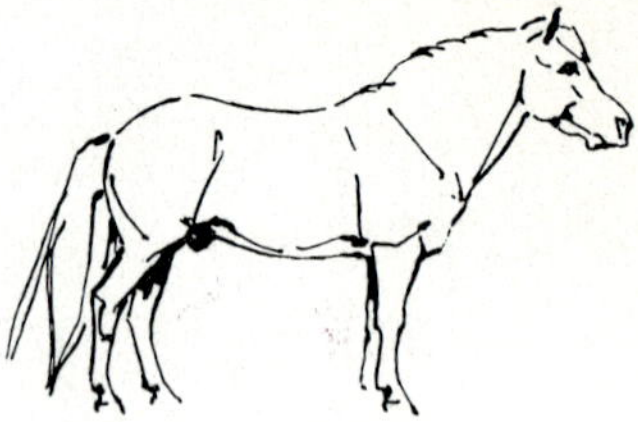

Bosniake

Berber

Alte nordwestafrikanische Rasse (Mauretanien), entstanden auf der Grundlage der bodenständigen numidischen Rasse im 8. Jahrhundert nach Christus durch Einkreuzung von Orientalen im Zuge der arabischen Völkerwanderung. Mittelgroßes, ausdauerndes, hartes, elegantes Reitpferd; sehr hoch im Blut stehend; temperamentvoll; zuverlässiger Charakter.
Langgestreckter, trockener Ramskopf; langer, schön getragener Hals; hoher Widerrist; kurzer Rücken; spitze, schmale, stark abfallende Kruppe; sehr trockene Beine mit vorzüglichen, deutlich markierten Sehnen und Gelenken; kleine, sehr harte Hufe. Schimmelfarbe häufig. Ziemlich kurzer Schritt; recht befriedigender Trab mit etwas Knieaktion; leichter, nicht sehr raumgreifender Galopp; Springvermögen.
Das von der Wüste geprägte Pferd bildete die Grundlage für die gesamte Pferdezucht Nordafrikas und der Iberischen Halbinsel; es wird heute in Algerien, Marokko, Spanien und Südfrankreich gezüchtet. Bis zur Auflösung der Spahis (arabische Reitertruppe Frankreichs) deren Kavallerieremonte.

Bosniake

Trittsicheres Gebirgspferd der bosnischen Berge im Ponytyp; von großer Ausdauer und Härte; ausgezeichneter Charakter; große Leistungsfähigkeit.
Deutlich erkennbarer arabischer Einfluß; edler Kopf mit kleinen Ohren; dikker Hals; niedriger Widerrist; kurzer, starker Rücken; abgeschlagene Kruppe; gut gelagerte, muskulöse, nicht sehr schräge Schulter; oft leichtes, recht fehlerhaftes Fundament; kleine, gutgeformte, eisenharte Hufe; Farbe meist braun oder Schimmel. Sehr trittsicher in Schritt und Trab; Galoppier- und Springvermögen.
Zur Zeit der Donaumonarchie Veredelung des Bosniaken mit arabischem Blut, um ein gefälligeres Äußeres und mehr Widerristhöhe zu erreichen. Heute Reinzucht und Selektion auf größere, massivere Exemplare. Zucht im Gebiet von Ragotica/Jugoslawien.

Boulonnais

Brandenburger

Boulonnais
Starkes, ausdauerndes, gängiges kaltblütiges Arbeitspferd der nordfranzösischen Marschen; gutartiger Charakter; robuste Konstitution. Zwei Typen: der mittelgroße Abbeville-Typ und der große, schwere Dünkirchener Typ. Ungewöhnlich kleiner, leichter, edler Kopf; lebhafte Augen mit allerdings oft schweren Lidern; starker, breiter Hals mit weicher, seidiger Mähne; hoher, von mächtiger Muskulatur fast völlig verdeckter Widerrist; Schulter ziemlich steil und kurz; Rücken nicht selten etwas gesenkt; breite, gespaltene Kruppe; kräftig bemuskelte Hosen; Gelenke breit und trocken; gut geformte, starke Hufe. Schimmelfarbe vorherrschend. Lebhafte, außerordentlich energische Aktion im Trab und Schritt.
Sein deutlich arabisch geprägtes Erscheinungsbild verdankt der Boulonnais wiederholten Einkreuzungen von orientalischem Blut seit der Zeit der Kreuzzüge bis zum vorigen Jahrhundert. Heute vom Aussterben bedroht; Zucht fast nur noch zur Schlachtfohlenproduktion.

Brandenburger
Starkes edles Warmblutpferd; im Typ etwa zwischen dem Ostpreußen und dem Hannoveraner stehend; neben dem Mecklenburger heute die zweitwichtigste Warmblutzucht der DDR. Der Schwerpunkt der Zucht liegt in der Mark Brandenburg.
Entstanden nach der Gründung des Gestüts Neustadt a. d. Dosse (1787) aus dem bodenständigen Landschlag mit Hilfe von Hengsten aus Mecklenburg, Zweibrücken und Triesdorf. Später wurde auch Englisches und Arabisches Vollblut verwendet.
Zwischen den beiden Weltkriegen stark dem hannoverschen Typ angeglichen durch ausgiebige Verwendung hannoverscher Hengste. In den Kriegswirren bei Ende des II. Weltkrieges fast vollkommen untergegangen. Wiederaufbau nach dem Kriege unter schwierigen Bedingungen mit Hilfe dorthin verschlagener ostpreußischer und vor allem hannoverscher Hengste. Kaum bodenstämmige Stutenfamilien erhalten. Die Zucht ist heute wieder auf hannoverscher Grundlage konsolidiert. Ihre vorherrschenden Hengstlinien sind die hannoversche A- und F-Linie. Gezüchtet wird ein vielseitig veranlagtes Sportpferd.

Bretone

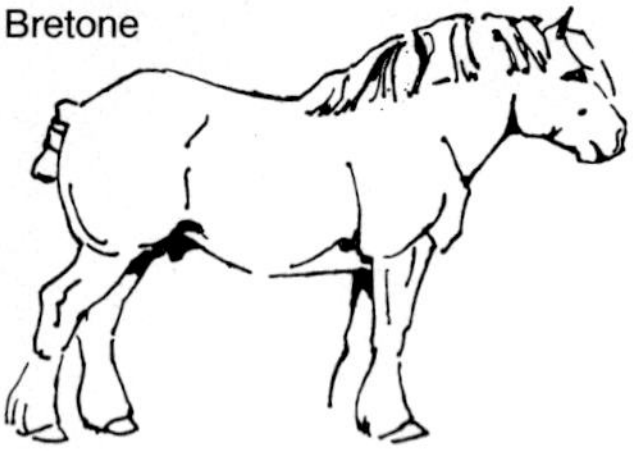

Budjonny

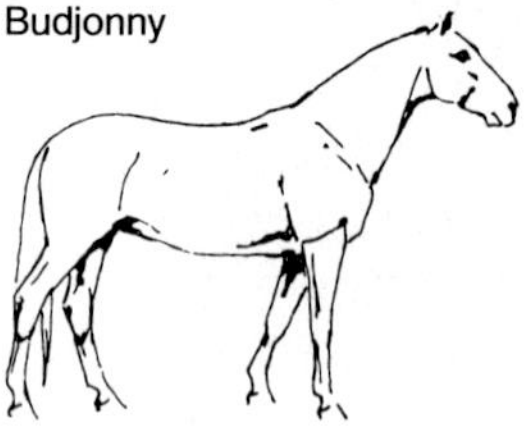

Bretone
Mittelschweres Kaltblutpferd der Bretagne; energisch und ausdauernd, stark, genügsam. Drei deutlich unterschiedene Typen:
1. Schweres Pferd der Küstenniederungen; häufig schwerer Schweinskopf; dicker, breiter Hals mit Doppelmähne; gepackte, steile Schulter; tiefe, breite Brust; kurze, breite, gespaltene, abschüssige Kruppe; kurze, starke Gliedmaßen; Behang; vorherrschend geäpfelte Braune und Schimmel.
2. Postier, leichteres Pferd auf der Grenze von Warmblut zu Kaltblut; im Inneren der Bretagne gezüchtet, stammt vom Norfolk-Bretagner des vorigen Jahrhunderts ab (Bild).
3. Berg-Betone, kleiner, gepackter Typ; in der Montagne, dem gebirgigen Teil der Bretagne gezüchtet.
Alle drei Typen zeigen kurze, aber lebhafte, energische Bewegungen im Schritt und Trab.
Diese bodenständige Rasse der Bretagne wurde bereits zur Zeit der Kreuzzüge mit orientalischem Blut veredelt. Blütezeit der Zucht unter Ludwig XIV.; nach dem Aderlaß der Napoleonischen Kriege Einkreuzung von Norfolk-Trottern zur Erzeugung von gängigen Post- und Omnibuspferden. Versuche nach dem II. Weltkrieg, mit Hilfe Anglo-Arabischen Blutes ein marktgängiges Reitpferd zu erzeugen, waren wenig erfolgreich.

Budjonny
Ausgesprochen edles Reit- und Sportpferd, auch im Gespann verwendbar; hart, ausdauernd; energisches, doch ruhiges Temperament; sehr fruchtbar, langlebig; zur Herdenhaltung geeignet.
Trockener, mittelgroßer Kopf mit geradem oder leicht eingebogenem Profil; große, ausdrucksvolle Augen; langer, hochangesetzter, häufig gebogener Hals; mittlerer bis hoher, genügend langer Widerrist; schräge, mittellange bis lange Schulter; relativ kurzer, breiter, gerader Rücken; meist lange, leicht abfallende, breite Kruppe; knochige, trockene Gliedmaßen mit wohlmarkierten, kräftigen Gelenken; mittelgroße, regelmäßige Hufe, manchmal Neigung zu Bockhuf. Häufigste Farbe Fuchs, oft mit einem Goldschimmer, doch auch graubraun, dunkelbraun und Rappe. Fördernde, regelmäßige Bewegungen in allen drei Gangarten; schnell; ausgezeichnetes Galoppier- und Springvermögen.
Nach dem russischen Marschall Budjonny benannte und von ihm geschaffene Rasse, entstanden aus einer Kreuzung von Donpferd und Englischem Vollblut. Elite der Zucht in zwei Gestüten des Rostowschen Gebietes konzentriert; ganzjährige Haltung in Herden unter freiem Himmel. Als Veredler in zahlreichen russischen Zuchten verwendet.

Camargue Pferd

Cleveland Bay

Camargue Pferd
Primitiver, halbwilder, relativ großer Ponytyp der Camargue (Rhône-Delta); beliebt als hartes, ausdauerndes, genügsames Reitpferd von feurigem Temperament und gutmütigem Charakter.
Ziemlich schwerer, meist ramsnasiger Kopf; kurze Ohren; große, ausdrucksvolle Augen; Hals meist gerade oder Hirschhals; langer, wenig ausgeprägter Widerrist; kräftiger, muskulöser Rücken; kurze, recht schmale Kruppe; trokkene Gliedmaßen mit soliden Gelenken; starke Hufe; üppiges Mähnen- und Schweifhaar. Vorherrschend Schimmel, Füchse selten. Nicht sehr schnell, aber ungemein ausdauernd in allen drei Gangarten.
Das heutige Camargue-Pferd geht wahrscheinlich auf das vorgeschichtliche Solutré-Pferd zurück, ist jedoch stark von Berber- und Arabischem Blut beeinflußt; Herdenhaltung in Südfrankreich in sogenannten Manaden (40 bis 50 Tiere).

Cleveland Bay
Alter englischer Landschlag, im Mittelalter unter dem Namen Chapman- oder Packhorse bekannt. Mittelschweres, kräftiges, zu jeder Arbeit taugliches, gängiges Warmblutpferd.
Recht großer, nicht sehr edler, doch gut getragener Kopf; kräftiger, nicht zu kurzer Hals; gute, schräge Schulter; verhältnismäßig langer, nicht selten etwas weicher Rücken; lange Kruppe; meist reichlich lange Röhren; Vorderfußwurzeln oft recht flach und ausdruckslos; Sprunggelenke breit und gut geformt; Gesamteindruck recht hochbeinig und schmal. Farbe hell- bis kastanienbraun, oft zebraartige schwarze Streifen an Unterarmen und -schenkeln, die ursprünglich als Rassemerkmal galten. Raumgreifender Schritt; Trab ziemlich flach, energisch; ausgezeichnetes Galoppier- und Springvermögen.
Im 18. und 19. Jahrhundert starker Einfluß Englischen Vollbluts; 1886 Gründung der Cleveland Bay Horse Society; Spaltung der Zucht in den älteren, schwereren Warmblutwirtschaftstyp und einen leichteren Karossiertyp, das Yorkshire Coach Horse. Bedeutender Einfluß des Cleveland Bay auf die Entstehung verschiedener europäischer Warmblutrassen. Heute durch Kreuzung mit Vollblut Erzeugung von Springpferden.

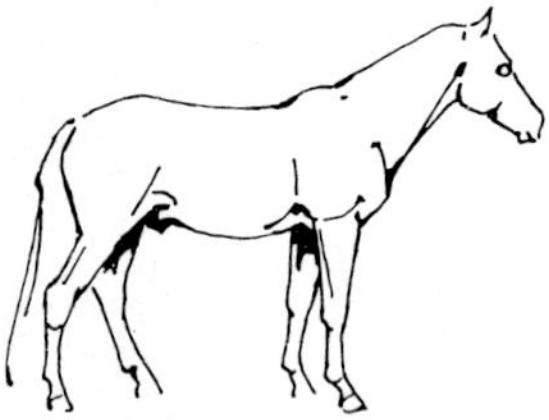

Connemara Pony

Dartmoor Pony

Connemara Pony
Einzige bodenständige Ponyrasse Irlands, an der Westküste der irischen Insel heimisch. Ausgezeichnetes, ziemlich edles, anspruchsloses Reitpony (besonders für Kinder); von großer Härte, Trockenheit und Ausdauer; vorzüglicher Charakter und ruhiges Temperament.
Gut geformter, recht edler Kopf; schön angesetzter, langer Hals; lange, schräge, gut gelagerte Schulter; gerader, starker Rücken; kräftig bemuskelte, abgeschlagene Kruppe; ausgezeichnete Sattellage; trockene Gliedmaßen mit gut markierten Sehnen und Gelenken; vielfach Behang. Vorherrschend Schimmel, aber auch Braune, Rappen, fast keine Füchse; nicht selten Aalstrich. Ausgezeichneter, langer Schritt; freie, leichte Trabaktion; bedeutendes Galoppiervermögen und Springtalent.
Das Connemara Pony gehört zusammen mit Highland Pony, Shetland Pony, Isländer und Fjordpferd zum Typ Equus caballus celticus; im Laufe der Geschichte Einkreuzung von spanischem, orientalischem und Vollblut. Teils noch halbwild gehalten. 1928 Gründung der Connemara Pony Breeders Society; liefert mit Vollblut ausgezeichnete Springpferde.

Dartmoor Pony
Bodenständige südwestenglische Ponyrasse aus dem Heide- und Moorgebiet von Dartmoor. Sehr edel, schnell, hart, ausdauernd; beliebtes Kinderreitpferd mit ausgesprochenem Springtalent; sehr langlebig.
Gesamteindruck ausgesprochen edel, elegant; Kopf ähnelt stark dem des Vollblüters; manchmal etwas lange Ohren; gut proportionierter Hals; meist schräge, lange Schulter; kräftiger Rücken; meist recht kurze, abschüssige Kruppe; sehr harte Extremitäten und Hufe; nicht selten etwas geringes Röhrbeinmaß vorn und kuhhessige Stellung der Hinterhand. Färbung meist dunkelbraun oder schwarzbraun, keine weißen Abzeichen oder Scheckung. Vorzüglicher Schritt; großes Galoppier- und überdurchschnittliches Springvermögen.
Die Zucht stand im vorigen Jahrhundert stark unter Shetland-Pony-Einfluß, um das Pony für die Kohlenminen kleiner zu züchten; heute Reinzucht unter Aufsicht der Dartmoor Pony Society. Durchweg noble, im Typ dem Vollblüter ähnliche Ponys, meist halbwild im Heidegebiet von Dartmoor aufgezogen.

Donpferd

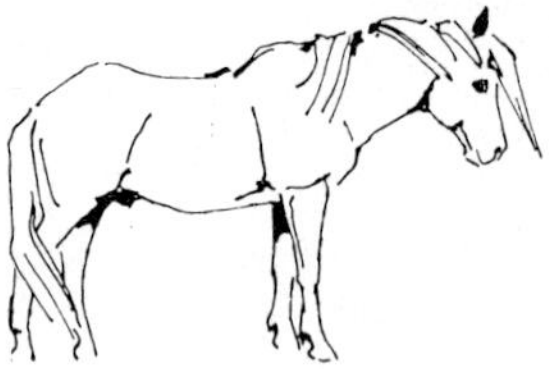

Dülmener Pony

Donpferd
Für jeden Zweck geeignetes Warmblutpferd, früher ausschließlich Kavalleriepferd der Donkosaken. Genügsam, von unverwüstlicher Konstitution; lange Brauchbarkeit und Lebensdauer; ruhiges Temperament; energischer Charakter.
Mittelgroßer, oft leichter Kopf mit geradem oder geramstem Profil; kleine, bewegliche Ohren; große Augen; schmale Nüstern; nicht sonderlich langer Hals; wenig ausgeprägter Widerrist; Rücken kurz, gerade, breit; lange, breite, leicht abschüssige Kruppe; Schulter oft kurz und steilgestellt; trockene, manchmal etwas leichte Extremitäten; Vorderfußwurzeln nicht selten ausdruckslos; teilweise säbelbeinige Stellung der Hintergliedmaßen; ziemlich große Hufe mit festem Horn. Farbe überwiegend Fuchs mit Goldschimmer. Ziemlich regelmäßige, manchmal etwas harte Bewegungen; Raumgriff, besonders im Galopp, durch ungünstige Winkelung der Schulter- und Beckengliedmaßen nicht immer befriedigend.
Die Donrasse entstand im südlichen Dongebiet aus südrussischen Steppenpferden, Kalmücken-, Turkmenen- und Karabaierpferden. Im 18. und 19. Jahrhundert wurde sie mit Orlowtrabern, Orlow-Rostopchinern und Englischem Vollblut veredelt. Neuer, stärkerer Typ seit 1805 im Gestüt Streletzk gezüchtet. Heute zur Verbesserung zahlreicher anderer Rassen der UdSSR verwendet; bildete auch die Basis für die Erzüchtung des Budjonny Pferdes.

Dülmener Pony
Mittelgroßes, halbwild gehaltenes Pony im Typ der englischen Heide- und Moorponys; letzte wildlebende Pferderasse Deutschlands; beliebt als Kinderpony; sehr gelehrig; temperamentvoll, doch ohne Falsch und Bosheiten.
Verhältnismäßig edler Kopf; kurze, gespitzte Ohren; offene, lebhafte Augen; gut angesetzter, nicht zu kurzer Hals; kräftig bemuskelter Rücken mit guter Verbindung zur stark abschüssigen Kruppe; trockene, harte Gliedmaßen mit kleinen, gesunden Hufen; manchmal etwas kuhhessige Stellung. Nicht selten mausgraue Typen mit Aalstrich und Eselsmaul; oft Zebrastreifung und schwarze Beinschäftung; weiße Abzeichen selten. Fleißige, fördernde Bewegungen in allen drei Gangarten; Galoppier- und Springvermögen.
Die Dülmener werden im Wildgestüt im Merfelder Bruch bei Dülmen (Nordrhein-Westfalen) gehalten. Die seit über 600 Jahren bestehende Zucht wird 1316 erstmals urkundlich erwähnt. Bei der Herde bleiben jeweils nur die besten Hengste, die anderen werden jedes Jahr herausgefangen und verkauft. Im Laufe der Zeit wurde häufiger fremdes Blut zugeführt, zum Beispiel Konijk, Welsh-Mountain, Araber u. a.

Englisches Vollblut

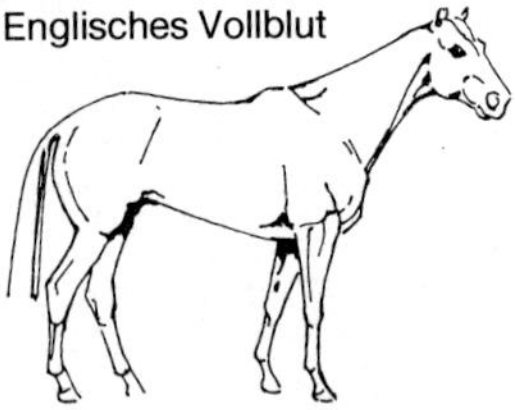

Fjordpferd

Englisches Vollblut
Das Rennpferd schlechthin für Galopp- und Hindernisrennen unter dem Reiter; zugleich leichtestes, elegantestes Reitpferd, das sich gleich gut als Dressur-, Military-, Spring- und Jagdpferd eignet. Überaus edel, trocken, zäh, intelligent; von sehr lebhaftem, eifrigem, nicht immer ganz einfachem Temperament und Charakter.
Kleiner, meist edler, trockener, leichter Kopf; schön angesetzter, langer Hals; hoher, langer Widerrist; lange, schräge, gut bemuskelte Schulter; kräftig bemuskelter, elastischer, nicht immer ganz gerader Rücken; lange, schräge Kruppe; muskulöse, außerordentlich trockene, oft recht eng gestellte Gliedmaßen. Farbe überwiegend braun, vor allem dunkelbraun, aber auch Füchse, Schimmel, Rappen. Ungewöhnlich langer Schritt; langer flacher Trab; gewaltiger, langer, bodendeckender, federnder Galoppsprung; oft überdurchschnittliches Springvermögen.
Die Rasse entstand durch ständige Selektion aufgrund härtester Rennprüfungen in den letzten 300 Jahren; basiert auf kleinen, schnellen englischen Landpferden, die im Laufe der Zeit mit orientalischen und Berberhengsten veredelt wurden. Drei Stammväter besonders bekannt: The Byerly Turk, The Darley Arabian, The Godolphin Barb. Klassische Zuchtprüfungen weltweit in den gleichen Abmessungen; Verwaltung der Zucht in Großbritannien durch die private Institution des General Stud Book. Als Vollblut gilt ein Pferd, dessen Abstammung sich in den letzten acht Generationen lückenlos auf vom General Stud Book anerkannte Pferde aufbaut.

Fjordpferd
Kleine, auf der Grenze vom Kaltblut zum Pony stehende, primitive Pferderasse Norwegens; erstaunlich hart und genügsam; von bedeutender Trag- und Zugkraft; auch in schwierigem Gebirgsgelände als Tragtier geeignet; edlere Exemplare heute als Kinderreitpferde verwendet.
Ziemlich kantiger Kopf, meist groß, doch stets trocken; kurze, weit auseinanderstehende Ohren; große, ausdrucksvolle Augen; Hals kurz und dick; Widerrist niedrig; Rücken kurz und schmal, nicht selten Karpfenrücken; Kruppe kurz, spitz, abgeschlagen; Gliedmaßen schmal, aber trocken mit deutlich markierten, kräftigen Sehnen und Gelenken; Farbe meist falb, ockergelb mit schwarzem Aalstrich, schwarzen Beinen und schwarzweiß gemischtem Mähnen- und Schweifhaar; teils auch mausfalb. Ungewöhnliche Trittsicherheit; ausgezeichneter Schritt; vorzügliche, räumende Trabaktion.
Wahrscheinlich prähistorische Urrasse, vielleicht sogar einer der Ahnen der schweren abendländischen Kaltblutrassen (zum Typ des Equus caballus celticus gehörig). Zuchtgebiet Südwest-Norwegen, Nachzuchtgebiete vor allem Dänemark und Bundesrepublik Deutschland. Reinzucht.

Furioso-Northstar

Hackney

Furioso-Northstar
Tüchtiges, energisches Halbblut-Gebrauchspferd für alle Zwecke; ohne besondere Brillanz, dafür sehr hart, ausdauernd, genügsam; solid in Bau und Temperament; ziemlich spätreif.
Nicht sehr großrahmiges Pferd; edler Kopf; kräftiger Rücken; gut ausgebildete Schulter; muskulöse Kruppe; ausgezeichnete Rippenwölbung; kräftige, korrekte Gliedmaßen mit starken, trockenen Sehnen und Gelenken. Vorherrschend braun in allen Schattierungen. Energische, korrekte, raumgreifende Bewegungen in allen drei Gangarten.
Die Zucht wurde begründet durch die beiden Englischen Vollbluthengste Furioso und Northstar um die Mitte des vorigen Jahrhunderts; Verwendung ursprünglich hauptsächlich als Kavallerie-Remonte. Zucht in Ungarn, der Tschechoslowakei und Österreich.

Hackney
Leichtes, sehr elegantes Wagenpferd; Paradepferd für Turniere; nicht sehr groß, trocken, edel geschnitten; ziemlich temperamentvoll.
Edler Kopf, dem Englischen Vollblut ähnlich; gut aufgesetzter, schön getragener Hals; hoher, vorzüglich ausgebildeter Widerrist; kräftiger Rücken mit solider Verbindung zur geraden Kruppe; meist sehr steile, kurze Schulter; nicht selten sehr schwache Extremitäten; vorn eingeschnürte Vorderfußwurzel, rückbiegig; hinten schlecht eingeschientes, dürftiges Sprunggelenk. Farbe meist Fuchs in allen Schattierungen; viele große weiße Abzeichen. Oft ungenügender Schritt; auffallende, brillante, akzentuierte Trabaktion; Springvermögen.
Die bekannte mittelenglische Wagenpferdrasse, 1303 erstmals erwähnt, ist aus der alten Norfolk-Trotter-Rasse entstanden. Gegen Ende des vorigen Jahrhunderts wurde sie zur reinen Luxusrasse veredelt; in jüngster Zeit wieder größere Verbreitung zu Turnier- und Schauzwecken.

Haflinger

Hannoveraner

Haflinger
Auf der Grundlage des Norikers mit Hilfe arabischen Blutes entstandenes Gebirgspferd Südtirols; patentes, trittsicheres Saumpferd, heute auch für die Freizeitreiterei verwendet; außerordentlich kräftig, ausdauernd, genügsam; von robuster Gesundheit; gutmütig und willig; lebhaftes Temperament.
Kleiner, ziemlich edler Kopf, der arabischen Einschlag verrät; kräftiger, schön angesetzter Hals; ziemlich steile Schulter; breiter Rücken; Kruppe oft abschüssig; kräftige, gesunde, trockene Beine mit deutlich markierten Gelenken und Sehnen; kleine, gesunde, harte Hufe. Das ganze Pferd wirkt ausgesprochen muskelbepackt, gedrungen, abgedreht. Farbe durchweg Fuchs mit heller Mähne und hellem Schweif. In allen drei Gangarten fleißig, jedoch nicht besonders raumgreifend.
Orientalische Einflüsse bereits im Mittelalter; erste urkundliche Erwähnung unter der Landgräfin Margarethe Maultasch (1318 – 1369); Ursprungsland der Rasse der Raum Bozen und Meran. Während der k. u. k. Donaumonarchie systematische Einkreuzung von Araberblut. In den dreißiger Jahren und nach dem 2. Weltkrieg starke Ausbreitung des Haflingers in Deutschland und Österreich.

Hannoveraner
Kräftiges, edles Reitpferd, auch für den leichten Zug geeignet; stellt heute die Hauptmasse der Sportpferde der Bundesrepublik Deutschland. Nobel, trocken, sehr gängig, mit viel Ausdruck; gutmütiger Charakter, ruhiges Temperament.
Schöne Linienführung; ähnelt dem Ostpreußen, doch meist etwas weniger edler Kopf und mehr Knochenstärke und Masse; großer Rahmen; schön aufgesetzter, langer Hals; gut bemuskelter Rücken; lange, schräge Schulter; kräftige Gliedmaßen mit trockenen Sehnen und Gelenken. Farben vor allem Fuchs in verschiedenen Schattierungen, aber auch Braune, Schimmel, Rappen. Langer Schritt; energischer, fördernder Trab; bodendeckender, elastischer Galopp; ausgezeichnetes Springvermögen.
Die Hannoversche Zucht, ursprünglich mit Holsteiner und Mecklenburger Hengsten begründet, verdankt ihren Aufschwung vor allem der systematischen Verwendung edler Hengste im vorigen Jahrhundert unter der Regierung der englischen Könige. Gründung des Landgestüts Celle 1735. In jüngster Zeit ausgedehnte Verwendung von Trakehner und Vollblut zur Produktion eines modernen Reit- und Sportpferdetyps. Größtes geschlossenes Warmblutzuchtgebiet Europas; zahlreiche Nachzuchtgebiete im In- und Ausland.

Holsteiner

Irish Draught

Holsteiner

Seit Jahrhunderten *das* Allzweckpferd Deutschlands; kräftiger, edler Karossier, der sich heute durch ausschließliche Verwendung von Englischem Vollblut zur Veredelung stark dem reinen Reitpferdetyp nähert; einwandfrei in Temperament und Charakter.

Großrahmig, wuchtig; Kopf ausdrucksvoll mit lebhaften Augen; langer, gut angesetzter Hals; kräftiger, manchmal etwas langer Rücken; gut bemuskelte Kruppe; meist gut gelagerte Schulter; recht korrekte Gliedmaßen mit soliden, klaren Sehnen und Gelenken. Farben von hell- bis schwarzbraun, Schimmel und Füchse seltener. Langer Schritt; geräumiger, schwungvoller, energischer Trab mit ziemlich hoher Aktion; elastischer, raumgreifender Galopp; überdurchschnittliches Springvermögen.

Alte bodenständige Rasse, bereits im Frühmittelalter blühende Zucht in Holstein. Nach der Reformation starker Einfluß spanischer Hengste. Im 19. Jahrhundert Import Englischer Vollblut- und Halbbluthengste; als Stammväter des heutigen Holsteiners gelten die englischen Hengste Protocoll und Burlington Turk. Im Sport ist der Holsteiner vor allem als Springpferd bekannt geworden.

Irish Draught

Harter, trockener, großer, warmblütiger Karossier mit energischem Ausdruck; leistungsfähiges Wirtschaftspferd.

Gesamteindruck ziemlich unedel, oft aber recht edler Kopf; langer, gut angesetzter Hals; hoher Widerrist; ausgezeichnete Schulter; langer, zylindrischer Körper mit langem Rücken und nicht immer ganz gut herangeschlossener, breiter, abschüssiger Kruppe; harte, stabile Gliedmaßen mit recht stark ausgebildeten Kötenzöpfen; kräftige, klare Sehnen und Gelenke; ziemlich große, manchmal etwas flache Hufe. Vorherrschende Farben Schimmel, Braune; Füchse sehr selten. Energische, fördernde Bewegungen in allen drei Gangarten; hervorragendes Springtalent.

Diese alte irische Landrasse steht auf der Grenze zwischen Warmblut und Kaltblut. An ihrer Entstehung waren wahrscheinlich Connemara, spanische und altenglische Warm- und Kaltblutrassen beteiligt. 1917 Einrichtung eines Draught-Stutbuches, in das nur Pferde aufgenommen wurden, die eindeutig Warmblutcharakter hatten. Seit Jahrhunderten Grundlage für die Zucht des durch seine Springanlagen berühmten Irischen Hunters mit Hilfe von Englischen Vollbluthengsten.

57

Island Pony

Kladruber

Island Pony
Gebirgspony von überragender Härte; genügsam, widerstandsfähig; fruchtbar bis ins hohe Alter; gutmütiges Temperament.
Oft großer, unedler Kopf mit Ramsnase und Geißbart; teilweise auch relativ edler Kopf; lebhafte Augen und kleine Ohren; kurzer Hals mit kräftiger, nicht sehr langer, unter Umständen aufrechtstehender Mähne; untersetzter, gepackter Körperbau; abfallende Kruppe; kurze, starke Gliedmaßen; hervorragende, harte Hufe; rauhes Haarkleid. Farbe vorwiegend Füchse, Rappen, Braune, auch grau oder rötlichgrau. Charakteristisch die fünf Gangarten: Schritt, Trab, Galopp und der besonders typische Tölt (eine paßartige Gangart); große Trittsicherheit.
Zuchtgebiet Island, halbwilde Herden. Um 941 erste Pferdeimporte; Urtyp wahrscheinlich zwischen Fjordpferd und irischem und englischem Pony stehend. Seit 800 Jahren keine Pferde-Importe mehr nach Island. Das Islandpony ist heute als Kinderpony weit verbreitet.

Kladruber
Großer, starker, eleganter Karossier; Kutsch- und Wirtschaftspferd; feuriges Temperament, gutartiger Charakter; ehemals Galakutsch- und Paradepferd des Wiener Hofes.
Großer, langer Kopf mit breiter Stirn und ungewöhnlich stark gewölbter Ramsnase; große, hervortretende Augen mit viel Weiß; gewaltiger, stark aufgerichteter Hals, etwas nach vorn herausgewölbt; Widerrist kurz, niedrig, abgerundet; Rücken lang und gerade; breite, gerade, aber kurze Kruppe; Schulter ziemlich steil, doch gut bemuskelt; kräftig bemuskelte Gliedmaßen mit starken, trockenen Röhren, Sehnen und Gelenken; Hufe groß und steil. Farben ausschließlich Schimmel und Rappen. Schritt nicht sehr lang, schreitend; Trab kurz, stampfend, mit hoher, oft fuchtelnder Aktion; Galopp schwerfällig.
Gründung des ehemaligen Hofgestüts Kladrub in der Tschechoslowakei 1572. Zwei voneinander getrennt gezüchtete Blutlinien: eine Rapp- und eine Schimmellinie; nur noch in geringen Resten vorhanden.

Knabstrupper

Konijk

Knabstrupper
Unterabteilung der Frederiksborger Zucht. Pferde mit sehr charakteristischer Tigerscheckung.
Die Scheckzucht wurde zuerst von dem Assessor Lunn auf Knabstrup begründet mit einem Falbhengst Frederiksborger Rasse und einer getigerten Fuchsscheckstute mit weißer Mähne und Schweif, die ein Offizier eines spanischen Infanterie-Bataillons, der 1813 in Roskilde in dänische Gefangenschaft geriet, dort zurückließ. Lunn kaufte sie von einem Schlachter Flaebe, nach dem sie Flaebe Hoppe genannt wurde.
Ein Sohn dieser Stute, der sogenannte Flaebe Hingst, wurde Stammvater der gesamten Zucht, vor allem über seinen 1818 geborenen Sohn Mickel.
Durch zahlreiche Kreuzungen, teils mit unedlem Blut, hat der Knabstrupper viel von seinem ursprünglichen Typ eingebüßt. Heute sind die recht selten gewordenen Tigerschecken vor allem als Zirkus-, Freizeit- und Voltigierpferde beliebt. Der Schwerpunkt der Zucht liegt auf Seeland.

Konik
Sammelbegriff für die Ausgangsform der im Osten Polens beheimateten Kleinpferde; primitiver, tarpanähnlicher Landschlag; zäh, wendig, genügsam; von unvergleichlicher Härte und Widerstandskraft; in Aussehen und Wesen urtümlich; manchmal bösartiger Charakter; eifriges Temperament; sehr langlebig und fruchtbar.
Leicht konkaves Profil; kurze Maulpartie; kleine, spitze Ohren; nicht sehr langer Hals; ziemlich gestreckter Rumpf mit guter Rippenwölbung; abgeschlagene Kruppe mit tief angesetztem, vollem Schweif; äußerst widerstandsfähige Extremitäten mit trockenen, deutlich markierten Sehnen und Gelenken; kleine, gut geformte, zähe Hufe. Grundfärbung oft mausgrau mit Aalstrich, nicht selten Zebrastreifung an den Beinen; im Winter dicker, wolliger Pelz. Eifrige, fördernde Bewegungen in allen drei Gangarten; Galoppier- und Springvermögen.
In seiner ursprünglichen Form wird der Konik, der bis 1944 im Urwald von Bialowiece gehalten wurde, heute in verschiedenen Gestüten Polens und in der Versuchsstation Popielno gezüchtet.

Lipizzaner

Morgan Horse

Lipizzaner

Das Schulpferd par excellence; hohe Intelligenz; außerordentliche Gelehrigkeit und Lernwilligkeit; ohne Vorbehalt anständiger Charakter; spätreif (mit ca. 7 Jahren), langlebig.

Schwerer, langgestreckter, trockener Kopf; mehr oder weniger stark gebogene Ramsnase; große, ausdrucksvolle Augen; kleine, gut angesetzte Ohren; ziemlich hoch angesetzter, starker, nicht sehr langer Hals; etwas gedrungener, abgedrehter Körper; oft ein wenig steile Schulter; wenig ausgeprägter Widerrist; muskulöser, langer Rücken; gerundete, starke Kruppe; Gliedmaßen kurz, stark, trocken; kleine, vorbildlich geformte, harte Hufe. Schimmelfarbe dominierend, ausnahmsweise braun (Jugoslawien); häufig Krötenmaul. Verhältnismäßig kurzer Schritt; elastischer Trab mit hoher Knieaktion; Galopp wenig raumgreifend, etwas schwerfällig. Sehr begabt für Dressur und die Lektionen der Hohen Schule.

Seit dem 16. Jahrhundert bestehende Warmblutrasse; Ausgangsstätte das 1580 gegründete Gestüt Lipizza bei Triest im Karst. Aus der Veredelung der vorhandenen bodenständigen Rasse mit spanischen und neapolitanischen Hengsten entstanden fünf der sechs Lipizzaner-Stämme; 1826 Begründung des sechsten mit dem Araberhengst Siglavy. Seit Gründung der Spanischen Hofreitschule in Wien 1735 ständige Prüfung der Hengste in der Hohen Schule; seit dem Ende des vorigen Jahrhunderts zunehmende Bedeutung des Lipizzaners auch als Wirtschaftspferd in Ungarn und Jugoslawien. Nach dem 1. Weltkrieg Einrichtung des Gestüts Piber in der Steiermark als Lieferant für die Spanische Hofreitschule.

Morgan Horse

Knapp mittelgroßes, vielseitig verwendbares Reit- und Wagenpferd; energisch, hart, ausdauernd, genügsam; sehr gelehrig; von feurigem Temperament und treuem Charakter.

Kurzer, breiter Kopf mit starken Ganaschen; auffallend kleine Ohren; Augen hervortretend; große, weite Nüstern; Hals relativ kurz, ziemlich muskelbepackt; kräftig bemuskelte Schulter; Widerrist niedrig; breiter, kurzer Rükken; lange, leicht geneigte Kruppe; gut bemuskelte Extremitäten; ungewöhnlich langer Unterarm und extrem kurze Röhren; stabile Gelenke und Sehnen. Braune und Füchse vorherrschend. Nicht sehr raumgreifende, aber fleißige, energische, elastische Aktion, besonders im Trab.

Älteste auf dem amerikanischen Kontinent entstandene Rasse; typtreue Zucht seit über 150 Jahren; begründet mit dem 1789 in Massachusetts geborenen Hengst Justin Morgan. Veröffentlichung des ersten Bandes des Morgan-Gestütbuches 1850. Bedeutender Einfluß auf alle späteren amerikanischen Rassen. Hauptzuchtgebiet Kalifornien.

New Forest Pony

Nonius

New Forest Pony

Ziemlich großes, edles, hartes Pony; ausgezeichnetes Kinderreitpferd mit ruhigem Temperament und gutem Charakter.
Häufig arabisch beeinflußter Kopf; gut angesetzte, ziemlich lange Ohren; Schulterlage oft recht steil; hoher Widerrist; ziemlich langer, doch kräftiger Rücken; Kruppe nicht selten abgeschlagen, kurz; gesunde, gut markierte Extremitäten mit oft recht unregelmäßiger Stellung. Farbe meist braun in verschiedenen Schattierungen, aber auch Schimmel, Rappen und Füchse. Schritt und Trab ausreichend; gutes Galoppier- und Springvermögen.
Die südenglische Ponyrasse aus der Gegend von Hampshire ist dem Exmoor und Dartmoor Pony stammverwandt. Seit langem immer wieder mit fremdem Blut gekreuzt; von den englischen Heide- und Moorponys am meisten im Reitpferdetyp stehend; etwas größer als die oben erwähnten Rassen. Zucht im Waldgebiet von New Forest bei London; bedeutende Nachzucht in Holland.

Nonius

Zwei Typen: 1. Großer Nonius; schwerer, kräftiger, stattlicher Karossier von ausgezeichnetem, treuem Charakter und lebhaftem Temperament; gute Zugpferdeigenschaften; ausdauernd, hart; spätreif. 2. Kleiner Nonius, „Cheval à tout usage“; nicht besonders schönes, doch außerordentlich gängiges, hartes, gesundes leichtes Warmblutpferd von munterem Temperament und gutem Charakter.
Nicht sehr edle Gesamterscheinung; stattlich aufgesetzter Hals; kräftiger, zuweilen etwas abgehackter Widerrist; recht langer, manchmal weicher Rükken; gut gelagerte, lange Schulter; nicht selten zu wenig Rippenwölbung sowie kurze, ziemlich schmale Kruppe; solide, kräftige, gutbemuskelte Gliedmaßen mit stabilen Sehnen und Gelenken, manchmal allerdings etwas schwache Fesselung; gutgeformte Hufe. Farbe meist Rappe ohne Abzeichen. Langer Schritt; flacher, raumgreifender Trab; bodendeckender Galopp; gute Springanlagen.
Beide Noniusstämme zurückgehend auf Normänner Blut; Stammvater der Zucht der 1814 von den Franzosen erbeutete Normänner Nonius, gezogen 1810 im Gestüt La Rossière; gelangte nach den Napoleonischen Kriegen über Zweibrücken nach Mezohegyes (Ungarn). Vor allem dem Großen Nonius wurde im Verlauf der letzten 100 Jahre erneut Normänner Blut zugeführt, dem Kleinen Nonius mehr Englisches Vollblut. Zucht heute in allen Nachfolgestaaten der k. u. k. Donaumonarchie verbreitet.

58

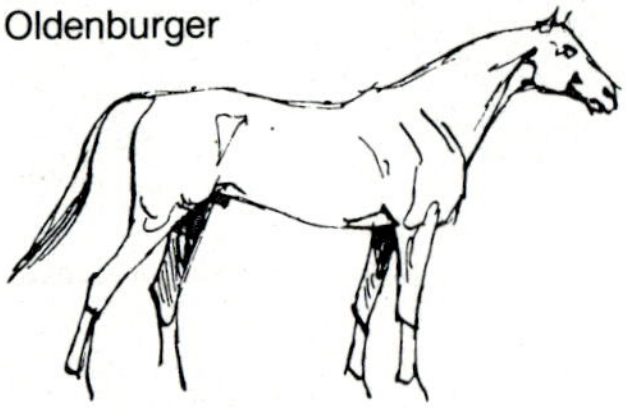

Oldenburger

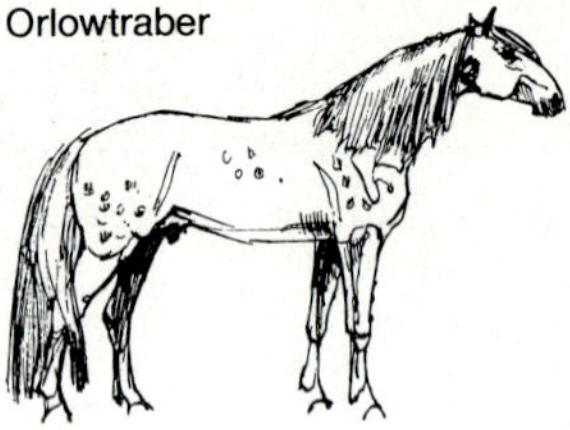

Orlowtraber

Oldenburger

Früher schweres Warmblut-Allzweckpferd; in den leichteren Blutlinien als Reitpferd brauchbar, sonst Typ des starken, eleganten Karossiers; heute unter Einfluß edlen Blutes vielfach im Typ des edlen Halbblutpferdes; außerordentliche Energie im schweren Zug; gutmütiges Temperament.
Viel Hals und hoher Aufsatz; kräftiger, muskulöser Bau; breiter und tiefer Rumpf; nicht selten etwas weicher Rücken; gerade, stark bemuskelte Kruppe; im ganzen ausgesprochen runde, abgedrehte Formen; gute Schulterlage; Knochen und Gelenke kräftig und massiv; kurze, starke Röhren. Farbe durchweg braun, dunkelbraun oder schwarz. Langer, freier Schritt; raumgreifender, energischer Trab; etwas schwerfälliger Galopp.
Unter dem Grafen Anton Günther v. Oldenburg (1603 bis 1667) erste Blüte der Zucht; Import spanischer und neapolitanischer Hengste. Bereits um 1800 einheitliches, geschlossenes Zuchtgebiet; viele Jahrzehnte eine der begehrtesten europäischen Karossierrassen. Nach dem 2. Weltkrieg starker Einfluß französischer Halbblut- und Englischer Vollbluthengste zur Produktion eines marktgängigen Reit- und Sportpferdes.

Orlowtraber

Rennpferd für Trabrennen vor dem Sulky und dem Rennschlitten; großes, gedrungenes, elegantes Wagenpferd von starker Konstitution; Nutzung als Kutschpferd und zu landwirtschaftlichen Arbeiten; ausgezeichneter Charakter, lebhaftes Temperament.
Uneinheitliches Exterieur; Kopf häufig groß, doch ausdrucksvoll, rassig; vielfach Ramsnase; große, ausdrucksvolle Augen; langer, gerader, nicht selten Schwanenhals; ziemlich steile Schulter; mittelhoher Widerrist; langer, oft weicher Rücken; abschüssige, runde Kruppe; knochige Gliedmaßen; üppiges Langhaar; im allgemeinen ziemlich starker Behang. Farben: Braune, Schimmel, Rappen, oft mit auffallender Äpfelung. Etwas kurzer Schritt; bodendeckender Trab; nicht selten übermäßige, bodenweite Knieaktion.
Die Rasse wurde 1775 von dem russischen Grafen Alexej Grigoriewitsch Orlow-Tschesmenskij mit einer Kombination Arabischen, Dänischen und Holländischen Blutes begründet; Zucht seither unter härtester Selektion aufgrund von Rennprüfungen. 1845 Anlage des Gestütbuches. Nach den Revolutions- und Kriegswirren systematischer Wiederaufbau von Zucht und Rennbetrieb. Heute Verwendung des Orlowtrabers außer für Rennzwecke als Veredler zahlreicher russischer Rassen; Ende des vorigen Jahrhunderts starke Impulse des Orlowtrabers auf die Entwicklung des gesamten europäischen Trabrennsports; maßgeblich beteiligt an der Entstehung des Russischen Trabers.

Percheron

Russischer Traber

Percheron
Verbreitetste französische Kaltblutrasse; schweres, trockenes, gängiges Pferd; stark, ausdauernd; von gutmütigem Charakter und energischem Temperament.
Edler, langgestreckter Kopf mit breiter Stirn; große, ausdrucksvolle Augen; tief angesetzte Ohren; Hals kurz und breit; nicht besonders hoher Widerrist; Schulter oft etwas kurz und steil; Rücken kräftig und gewölbt; Kruppe breit und gut bemuskelt; relativ kleine, gesunde, harte Hufe; wenig Behang an den Extremitäten. Farbe meist eisengrau oder schwarz, auch Schimmel. Energische, fördernde, leichte Bewegungen in Schritt und Trab.
Die Rasse ist hervorgegangen aus dem bodenständigen Landschlag der Perche (westlich Paris). Seit der Zeit der Kreuzzüge bis zum Beginn des vorigen Jahrhunderts wiederholt Einkreuzung orientalischen Blutes; später zunehmender Einfluß von Boulonnais und Bretonen. Heute fast nur noch Schlachtfohlenproduktion.

Russischer Traber
Weiterentwicklung des Orlowtrabers unter Verwendung von amerikanischem Standard Bred Blut; Rennpferd für Trabrennen im Sulky und vor dem Rennschlitten; hervorragend bewährt in Wirtschaft und Landwirtschaft, als Kutschpferd und unter dem Sattel. Drei Typen: Arbeits- und Wagen-Typ, Reit- und Wagen-Typ und Renntyp. Kräftige Konstitution; sehr trokken, hart, ausdauernd; energisches, lebhaftes Temperament, guter Charakter.
Leichter Kopf mit geradem Profil; langer, gerader Hals; hoher Widerrist; gerader, manchmal etwas weicher Rücken; abfallende Kruppe; trockene, stabile Gliedmaßen; langer Unterarm; kurze Röhre; oft etwas eingeschnürte Gelenke; Säbelbeinigkeit, Kuhhessigkeit, mangelhafte Sprunggelenke. Farben: Braune, Dunkelbraune, Rappen; seltener Füchse, Hellbraune, Schimmel. Fördernder, flacher, rasanter Trab; einige Linien zeigen Neigung zu Paßgang.
Erste Kreuzungen von Orlowtrabern mit American Standard Bred im Gestüt von S. M. Golozyn 1894. Zu Beginn des 1. Weltkrieges Einfuhr amerikanischen Zuchtmaterials abgeschlossen. Seit 1926 sorgfältige Selektion aufgrund härtester Leistungsprüfungen und Homogenisierung nach Exterieureigenschaften. Der Russische Traber ist etwas schneller auf der Rennbahn als der Orlowtraber; außer zu Rennen wird er vor allem zur Verbesserung der Landrassen der UdSSR verwendet.

71

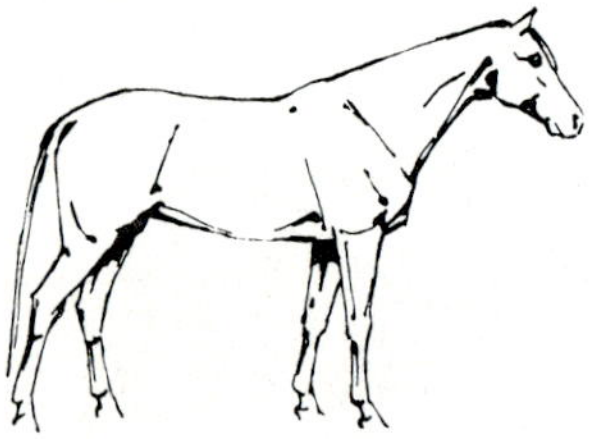

Schwedisches Warmblut

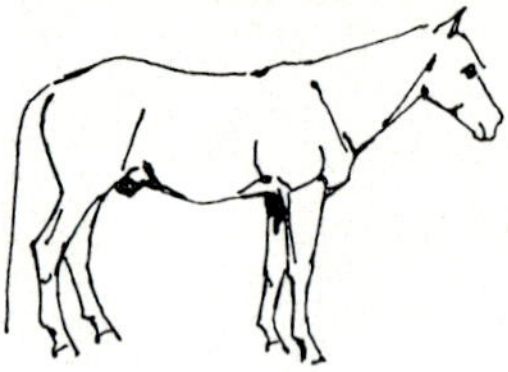

Scottish Highland Pony

Schwedisches Warmblut
Edel, hart, mittelgroß; Prototyp der leichten Kavallerieremonte; vor allem als Dressurpferd geschätzt; hochintelligent, zuverlässig, nervlich umkompliziert.
Gesamteindruck hart, edel, trocken; nobles Gesicht, trockener Kopf; günstig angesetzter Hals; gut gelagerte Schulter; markierter Widerrist; muskulöser Rücken; manchmal etwas kurze Kruppe mit nicht sehr ausgeprägter Muskulatur; korrektes, kräftiges Fundament; hervorragende harte Hufe. Farben überwiegend bunte Füchse, aber auch andere Farben einschließlich Falben und Schecken. Solide Grundgangarten; ausgezeichnete Galoppade; Springanlagen.
Bereits im Mittelalter wurden auf den Gütern des südschwedischen Adels orientalische und westeuropäische Hengste zur Veredelung der schwedischen Landrasse verwendet. Bis Mitte des vorigen Jahrhunderts wenig planmäßige Zucht; erst seit ca. 1850 Einigung auf ein einheitliches Zuchtziel, zu dessen Erreichung vor allem Hannoversches sowie Arabisches und Ostpreußisches Blut beigetragen haben. Hauptimpulse vom Staatsgestüt und Hengstdepot Flyinge bei Lund.

Scottish Highland Pony
Beliebtes „Shooting“ Pony für Hochgebirgsjagd; sehr trittsicher, eifrig, ausdauernd; intelligent, gelehrig; idealer Säumer; große Tragkraft; unverwüstliche Konstitution; frommer Charakter.
Sehr feiner, edler Kopf; kräftiger Rücken; oft ziemlich steile, kurze Schulter; kräftige, solide Vorhand; katzenähnliche Hinterhand mit kurzer, abschüssiger Kruppe; oft kuhhessige Stellung der Hinterhand; deutlich ausgebildeter Behang. Farbe meist Schimmel oder Falbe, vielfach mit Aalstrich und Schulterkreuz, aber auch Dunkelbraune und Rappen. Ungemein trittsichere Bewegungen; Galoppiervermögen; gute Springanlagen.
Alte bodenständige Rasse des schottischen Hochlandes und der westschottischen Inseln, durch die Kelten systematisch gezüchtet seit ca. 500 vor Christus. Zwei Typen: der kleinere Insel-Typ (Barra-Pony) und der Festland-Typ teils mit Clydesdale-Einkreuzungen, dadurch Kaltblutmerkmale und größer. Heute vor allem für Pony-Trekking verwendet.

Shetland Pony

Shagya

Shetland Pony
Kleinste, halbwilde Ponyrasse, auf den Shetland-Inseln bodenständig; außerordentlich anspruchslos und genügsam; beliebtes Kinderpony.
Oft reichlich großer, doch edler Kopf mit kleinen, spitzen Ohren; tief angesetzter, kurzer Hals; kräftiger, breiter Rücken; abschüssige Kruppe; tief angesetzter Schweif; gut gelagerte Schulter; kräftige Extremitäten, hinten oft ziemlich kuhhessig; gesunde Hufe. Alle Farben, Schecken recht häufig. Oft unter 100 cm, selten über 110 cm Stockmaß. Fleißige Aktion im Schritt und Trab; gutes Galoppier- und Springvermögen.
Rasse bereits zur Wikingerzeit erwähnt. Bis Mitte des vorigen Jahrhunderts reine Wildzucht ohne gezielte Selektion. Mit Beginn der Industrialisierung und Einsatz von Ponys in den Kohlenminen starker Export und Qualitätsverschlechterung der Rasse, bis zur Gründung eines Gestüts durch Lord Londonderry auf den Inseln Bressay und Noss zur gezielten Verbesserung der Zucht. Seit Ende des vorigen Jahrhunderts Siegeszug als Kinderpony über die ganze Erde.

Shagya
Konsolidierte Arabische Halbblutzucht Ungarns, nach ihrem Stammvater Shagya senior (geb. 1830, nach Bábolna 1837 importiert) bekannt. Extrem hartes Reitpferd; früher beliebte Kavallerieremonte, heute Ungarns wichtigstes leichtes Reit- und Wagenpferd (Jucker).
Stark arabisch beeinflußt, vor allem Gesicht, Format, Oberlinie; überaus trocken. Farbe fast ausschließlich Schimmel. Ausgezeichnete, leichte Bewegungen in allen drei Gangarten; Springvermögen.
Der Shagya ist heute in allen Nachfolgestaaten der k. u. k. Donaumonarchie verbreitet. Gestüte unter anderem Bábolna und Mezöhegyes. In Ungarn wird traditionsgemäß den Hengsten eine römische Nummer an den Namen angefügt, die anzeigt, zu welcher Generation nach dem originalen Stammhengst sie gehören.

Shire

Skogsruss

Shire

Größter Kaltblutschlag Großbritanniens. Sehr großes, gewaltiges Arbeitspferd mit Riesenkräften; gutmütiger Charakter, ruhiges Temperament.
Klobiger Kopf mit breiter Stirn; kleine gut angesetzte Ohren; gut getragener, genügend langer Hals mit langer, dichter Mähne; nicht zu schräge, gut gelagerte Schulter; kräftiger, kurzer Rücken; lange, breite, stark bemuskelte Kruppe; kräftige, bemuskelte Unterarme und Hosen; breite Gelenke; ziemlich steile Hinterhand; Behang dicht, fast seidig. Häufigste Farben braun und dunkelbraun, große weiße Abzeichen an Kopf und Gliedmaßen. Raumgreifender Schritt; fördernde, energische Aktion im Trab.
Bereits in der Antike berühmt, im Mittelalter als schwerstes ritterliches Turnierpferd verwendet. Bis zur Zeit Elisabeths I. als das „große Pferd" bezeichnet; Name Shire seit etwa 200 Jahren üblich. Zuchtgebiet ursprünglich nur in den sogenannten „Shires", heute über ganz England und Irland verbreitet. Rasse stark zurückgegangen; nur noch für Schauzwecke und als Brauereipferde verwendet.

Skogsruss

Uralte, seit über 200 Jahren nur noch auf der Insel Gotland verbreitete bodenständige Ponyrasse Schwedens, im Typ der englischen Heide- und Moorponys; sehr beliebt als Kinderpony; mittelgroß, genügsam, ausdauernd, von eiserner Konstitution; ausgezeichneter Charakter, feuriges Temperament.
Langgestreckter Kopf mit kleinen Ohren und munteren Augen; oft tief angesetzter Hals; nicht selten etwas weicher Rücken; Schulter relativ steil; Kruppe abgeschlagen mit tief angesetztem Schweif; Gliedmaßen vorn oft verstellt, hinten kuhhessig; schwache, trotzdem unverwüstliche Gelenke und Sehnen. Farben: dunkelbraun in allen Schattierungen, Falben, Isabellen; Füchse und Rappen seltener. Eifrige Aktion in Schritt und Trab; gutes Galoppiervermögen; Springtalent.
Zucht in Schweden. Insel Gotland, fast ganz in bäuerlicher Hand. Halbwilde Haltung.

Suffolk Punch

Trakehner

Suffolk Punch

Bodenständiger Landschlag der Grafschaft Suffolk in Ostengland, im Kaltbluttyp stehend; stark, ausdauernd; ausgesprochen leichtfuttrig; sehr zugfest; guter Charakter; langlebig.
Ziemlich edle Kopfform; kurzer, breiter Hals; lange, allerdings oft steile Schulter; kurzer, starker Rücken; schön geformte, breite, lange Kruppe; gut bemuskelte, kurze, starke, trockene Extremitäten; kurze, kräftige Fesselung ohne Behang. Farbe fast ausschließlich Goldfuchs ohne Abzeichen. Sehr korrekte, energische, raumgreifende Aktion im Schritt und Trab; Galoppiervermögen; auffällige Anlage zum Springen; ausgezeichnete Balance.
Der Name der Rasse geht laut Camdens „Britannia" zurück bis ins Jahr 1506. Im Laufe der Zeit wurden die Suffolks mit allen möglichen Rassen gekreuzt; bedeutender Einfluß nur von Lincolnshire-Trotter-Blut. Gründung der Suffolk Horse Society 1877; seitdem Reinzucht. Geeignet für die Kreuzung mit Vollblut zur Erzeugung von Huntern.

Trakehner

Heute nächst dem Vollblut edelste Reitpferdrasse Deutschlands; leicht, nobel, elegant; zäh, hart, genügsam, ausdauernd; leichtfuttrig; von lebhaftem Temperament und nicht immer ganz einfachem Charakter.
Im ganzen überaus trocken; feiner, edler Kopf mit oft etwas breit gestellten Ohren; schön aufgesetzter, leichter, langer Hals; hoher Widerrist; manchmal etwas knappe Schulter; kräftiger, elastischer Rücken; nicht immer lange, schräge, gut bemuskelte Kruppe; Beine meist sehr trocken und korrekt. Im ehemaligen Staats- und Hauptgestüt Trakehnen nach Farben gesondert gezüchtet: Füchse, Braune, Rappen, gemischte Herde. Langer Schritt; langer, flacher Trab ohne Knieaktion; großes Galoppiervermögen.
Zucht bis 1945 in Ostpreußen. Wesentliche Impulse bereits durch den deutschen Ritterorden; später Einfuhr orientalischer Hengste. Gründung Trakehnens 1732 durch Friedrich Wilhelm I. Seit 1786 systematische Zucht auf der Grundlage des Ostpreußischen Landschlages (Schweijke); starke Verwendung Arabischen und später Englischen Vollblutes. Nach dem Zusammenbruch und Verlust Ostpreußens sowie des größten Teils seines Pferdebestandes Sammlung der versprengten Reste durch den Trakehner-Verband und Wiederaufbau der Zucht. Bedeutende Rolle des Trakehners als Veredler in zahlreichen Warmblutzuchten Deutschlands; verbreitete Nachzucht auf der ganzen Welt, vor allem UdSSR und Polen.

Welsh Pony und Cob
Vier Unterabteilungen:
1. Welsh Mountain Pony (Abteilung A des Stutbuches)
2. Welsh Pony (Abteilung B des Stutbuches)
3. Welsh Pony im Cob-Typ (Abteilung C des Stutbuches)
4. Welsh Cob (Abteilung D des Stutbuches)

Das Welsh Pony ist eine der beliebtesten Ponyrassen Großbritanniens. Bodenständige keltische Zucht; mindestens seit der Antike in Wales; gehört in die Gruppe der Berg- und Moorponys der Britischen Inseln. Bereits während der römischen Besatzung (55 v. bis 410 n. Christus) Welsh Gestüt in Lake Bala, Merionethshire; erste Pferdezuchtgesetze von Howel Dda (909 – 949) für Wales erlassen.

Welsh Mountain Pony

Welsh Mountain Pony (A)
Typtreues, mittelgroßes, hartes, ausdauerndes, lebhaftes, sehr langlebiges Gebirgspony.
Kopf klein, trocken, ausdrucksvoll, recht arabisch; Schulter gut gelagert, lang; Widerrist mäßig ausgebildet; Rücken häufig etwas matt; Gliedmaßen kräftig. Häufigste Farben Schimmel, aber auch Falben, Braune etc.; Scheckung verpönt. Ausgezeichnete Bewegungen in Schritt und Trab; bodendeckender Galopp; auffallendes Springvermögen.
Verschiedentliche Einkreuzung von fremdem, vor allem orientalischem Blut in den letzten 150 Jahren, das nachhaltige Spuren hinterlassen hat. Mechanik vor allem durch Hackneyblut beeinflußt. Im Zuge der Entdeckung der Ponys als Kinderreitpferde weite Verbreitung der Rasse in Europa.

Welsh Pony (B)
Das Welsh Pony unterscheidet sich vom eigentlichen Gebirgspony hauptsächlich durch die Größe, die nicht über 137,2 cm Stockmaß betragen darf. Außerdem steht es mehr im Reit- beziehungsweise Showponytyp, das heißt, es hat etwas elegantere Formen, noch leichtere Bewegungen. Härte, Substanz und Knochenstärke sowie gutes Temperament sind jedoch erhalten.

11

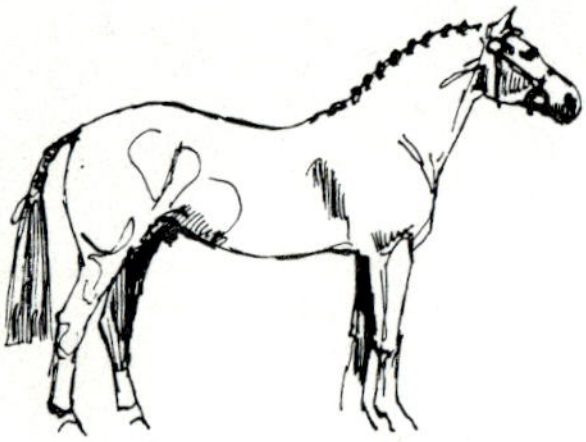

Welsh Pony im Cob-Typ

Welsh Pony im Cob-Typ (C)
Entstanden aus der Kreuzung von Welsh Mountain Pony und Welsh Cob. Elegantes Kinderpony im Reitpferdetyp mit vorzüglichen Grundgangarten und ausgezeichneten Springanlagen. Farbe meist Schimmel, aber auch andere Farben.

Welsh Cob

Welsh Cob (D)
Kräftiges, hartes Kleinpferd mit Ponycharakter und arabischem Überguß, entstanden auf der Grundlage der alten bodenständigen Waliser Gebirgsrasse durch Einkreuzung von Großpferden (Araber, Hackney, Englisches Vollblut).
Edler, kleiner Kopf mit viel Ausdruck; weitgestellte, vortretende, große, feurige Augen; Ohren klein und gut angesetzt; Hals lang, gut angesetzt; nicht sehr ausgeprägter Widerrist; oft etwas weicher Rücken; Schulter gepackt, lang, schräg; Gliedmaßen kräftig, gut gestellt; kleine, gut geformte, harte Hufe. Farbe meist Schimmel, Scheckung verpönt.
Bereits im 13. Jahrhundert war der Welsh Cob als „Pony Cob" am Hofe Richards I. beliebt.

Western Horses
Verschiedene, von importierten Pferden der Spanier abstammende Pferdezuchten Amerikas, teils von Indianern erbeutet und über längere Zeiträume isoliert weitergezüchtet. Meist als „Cutting"- oder „Roping"- oder auch Western Show Horses verwendet.
Appaloosa
Palomino
Pinto
Quarter Horse

Appaloosa

Palomino

Appaloosa
Schnelles, ausdauerndes Reitpferd; willig und sanft im Wesen, ungemein freundlicher, gutartiger Charakter.
Gesamteindruck harmonisch und weich; breiter, gerader Kopf; große, lebhafte Augen mit viel Weiß; muskulöser, hochangesetzter Hals; lange, schräge Schulter; gerader Rücken; kräftige, gerundete Kruppe. Hervorstechendstes Merkmal die ungewöhnliche Zeichnung; vier Hauptvarianten: Schabrackenscheck (blanket pattern), Schneeflockenscheck (snowflake pattern), Tigerscheck (leopard pattern), Marmorscheck (marbleized pattern). Beachtliches Galoppiervermögen; Springtalent.
Der heutige Appaloosa stammt von Pferden der spanischen Eroberer ab, die von Indianern mehr als hundert Jahre sorgfältig auf die spezifische Zeichnung gezüchtet wurden.

Palomino
Ziemlich kleines, gepacktes Reitpferd; ausdauernd, widerstandsfähig, intelligent.
Edler, trockener Kopf; langer, schön getragener Hals; wenig Widerrist; gerundete, abschüssige Kruppe mit niedrig angesetztem Schweif; gut gelagerte Schulter. Hervorstechendstes Kennzeichen des im arabischen Typ stehenden Pferdes die auffallend glänzende Goldfarbe und die weißen Mähnen- und Schweifhaare. Guter, raumgreifender Schritt; Trab mit relativ viel Knieaktion; Galoppiervermögen.
Von spanischen Isabellen abstammend, die im 16. Jahrhundert nach Mittelamerika (Westindien) importiert wurden; Name soll von einem Begleiter des Cortez, Don Juan de Palomino, herrühren. Heute vor allem im Westen der USA gezüchtet; seit 1932 eigenes Stutbuch.

Pinto

Quarter Horse

Pinto

Sehr williges, gutartiges, ziemlich kleines Reitpferd; beliebt als Cowpony und Western Show Horse; wie alle Western Horses spanischen Ursprungs.
Gerader Kopf mit großen, lebhaften Augen; schön getragener Hals; wenig Widerrist; kräftiger Rücken; gerundete, abschüssige Kruppe; kurzbeinig. Auffallendstes Merkmal die Scheckzeichnung: „Overo Pinto", bei dem die dunkle Scheckung auf weißem Grund vom Rücken ausgeht; „Tobiano Pinto", Scheckung vom Bauch ausgehend und schärfer abgesetzt; am gesuchtesten schwarzweiße Pintos; braunweiße und dreifarbige häufiger. Fördernde, nicht immer regelmäßige Bewegungen in allen drei Gangarten; Galoppiervermögen.
Der Pinto wurde über längere Zeiträume hauptsächlich von den Indianern gezüchtet, bei denen er wegen seiner Scheckung eine große Rolle bei bestimmten kultischen Zeremonien spielte. Zuchtgebiete USA und Kanada. 1941 Gründung der „Pinto Society".

Quarter Horse

Entstanden aus einer Kreuzung der ursprünglich durch die Spanier nach Amerika eingeführten Pferde mit Orientalen und Englischen Vollblütern. Spezialisiertes Cowpony für das Hüten der Rinderherden; intelligent, eifrig, hart, ausdauernd; mit ausgesprochenem „Cow Sense"; sehr wendig und schnell; ausgeglichenes, ruhiges Temperament; treuer Charakter; unbedingt zuverlässig unterm Sattel.
Geschlossener Rahmen; edler, kurzer Kopf mit breiter Stirn; tief angesetzter, nicht sehr langer Hals; flacher, wenig ausgeprägter Widerrist; kurzer, muskulöser Rücken mit vorzüglicher Verbindung zur abgeschlagenen, gepackten Kruppe; massive Vorhand; kurze Röhren. Braune und Füchse vorherrschend, aber auch alle anderen Farben. Ausgezeichneter Schritt; hervorragendes Galoppiervermögen.
Selektion aufgrund der Viertel-(Quarter-)Meilen-Rennen, bei denen das Quarter Horse eine Geschwindigkeit von über 70 km/h erreicht. Bedeutendster Stammhengst Old Sorrel.

Westfale

Westfriese

Westfale

Kräftiges, edles Warmblutpferd mit Reit- und Sportpferdeigenschaften, dem Hannoveraner im Typ sehr ähnlich; nobel, sehr gängig; guter Charakter, frommes Temperament.

Schöne Linienführung; Ähnlichkeit mit dem Ostpreußen, doch Kopf meist etwas weniger edel, die Kruppe etwas schräger, außerdem meist mehr Knochenstärke und Masse; großer Rahmen; Schön aufgesetzter, langer Hals; gut bemuskelter Rücken; lange, schräge Schulter; kräftige Gliedmaßen mit trokkenen Sehnen und Gelenken. Farben vor allem Fuchs, aber auch Braune, Schimmel, Rappen. Langer Schritt; energischer, fördernder Trab; bodendekkender Galopp; ausgezeichnetes Springvermögen.

Bereits in der Antike blühende Pferdezucht im Gebiet des heutigen Westfalen; Quellen darüber bei Caesar und Tacitus. Bis in die Neuzeit Wildgestüte wie Dülmen und Arenberg-Nordkirchen oder das Senner Gestüt Lopshorn; bodenständige Rasse „Münsterländer Kleienpferd" (oder Dawertnickel). Gründung des Landgestüts Warendorf 1826; seit 1901 Festlegung des Zuchtziels auf das des Oldenburgers; seit den dreißiger Jahren stärkere Anlehnung an das hannoversche Zuchtziel. In jüngster Zeit Veredelung mit Ostpreußischem und Vollblut. Neben Hannover größtes geschlossenes Warmblutzuchtgebiet Deutschlands (ca. 9000 Mutterstuten).

Westfriese

Bodenständige Landeszucht Westfrieslands; kräftiges, sehr gängiges, bewegliches, mittelgroßes Kaltblutpferd; energisches, aktives Temperament, gutartiger Charakter; stabile Konstitution; sehr langlebig und fruchtbar.

Nicht sehr großer, gestreckter, oft edler Kopf; kurze, gespitzte Ohren; lebhafte Augen; schön aufgesetzter, kräftiger Hals; reiche Mähne; kurzer, gerader Rücken; stark abfallende Kruppe mit tiefem Schweifansatz; ziemlich steile Schulter; Gelenke und Gliedmaßen eher leicht; relativ geringer Behang. Farbe fast ausschließlich Rappe. Überragendes Trabvermögen.

Der Westfriese geht vermutlich auf den gleichen Ursprung zurück wie Ostfriese und Oldenburger, jedoch keine so starke Einkreuzung von Edelblut, so daß der kaltblütige Charakter erhalten geblieben ist. Maßgeblich beteiligt an der Entstehung der Orlowrasse (Harddraver).

Wielkopolsker Pferd

Württemberger

Wielkopolsker Pferd
Nach 1945 hervorgegangen aus Restbeständen Trakehnens und der ostpreußischen Landespferdezucht unter Verwendung vor allem westpreußischen Pferdematerials. Soll möglichst die Eigenschaften eines edlen, gängigen Warmblutpferdes besitzen, aber nicht nur zum Reiten, sondern auch als Zugpferd geeignet sein.
Adel und Schönheit weniger wichtig; fester Rahmen erwünscht; genügend ausgebildeter Widerrist; lange, schräge Schulter; mächtige Hinterhand; gute Bemuskelung; knochige, regelmäßige Gliedmaßen; starke, nicht zu kleine Hufe. Farbe vor allem braun. Langer Schritt; langer, flacher Trab; raumgreifender Galopp.
Zuchtgebiet: Volksrepublik Polen, vor allem im Gebiet des früheren Westpreußen. Produktion eines vielseitigen Sportpferdetyps mit Hilfe Englischen Vollbluts.

Württemberger
Mittelschweres, kräftiges Warmblutpferd Württembergs; relativ kurzbeinig; hart; gängig.
Nicht zu großer, oft recht edler Kopf; schön angesetzter Hals; gut ausgeprägter Widerrist; wohlbemuskelter, kurzer Rücken; breite, muskulöse Kruppe; stabiles Fundament, manchmal etwas kurz gefesselt. Energische, fördernde Bewegungen in allen drei Gangarten; vorzügliches Trabvermögen.
Zucht in Württemberg, Haupt- und Landgestüt Marbach, gegründet 1573 als Hofgestüt. 1736 Einrichtung des Hengstdepots. Ursprünglich Zucht von Arabern, Spaniern, Kladrubern, Neapolitanern; Mitte des vorigen Jahrhunderts Begründung der modernen Zuchtrichtung hauptsächlich auf Normänner Grundlage. Nach dem 2. Weltkrieg Umzüchtungsprozeß auf ein vielseitig verwendbares Reitpferd vor allem mit Trakehner Blut.

Erklärung der Fachausdrücke

Aalstrich: vom Schweif bis zum Widerrist über der Rückenmitte verlaufender dunkler Haarstreifen
abgedreht: Pferd mit runden, geschlossenen Körperformen
abgeschlagen: stark abschüssige Kruppe mit tiefem Schweifansatz
Abzeichen: angeborene weiße, behaarte Stellen an Kopf, Körper oder Gliedmaßen des Pferdes
Araberknick: Einsenkung am Nasenbein bei Arabischen Vollblütern
Behang: Behaarung an den Gliedmaßen, vor allem an der Hinterseite der Röhre und an der Köte (Fesselkopf)
Bockhuf: Steiler Huf mit hohen Trachten, fast senkrechter Zehenwand und stark abgelaufener Zehe
Cow Sense: besondere Begabung für die Arbeit mit Rindern
Dressurreiten: Grundlage aller Reiterei; bezweckt Gymnastizierung und völlige Beherrschung des Pferdes
Doppelmähne: nach beiden Seiten fallende Mähne
Falbe: entspricht dem Braunen, jedoch ist das Deckhaar gelb bis grau, Beine und Schutzhaar sind schwarz
Fundament: die Gliedmaßen des Pferdes
Galopprennen: aus England stammende Prüfung auf äußerste Schnelligkeit im Galopp, fast ausschließlich dem Engl. Vollblut vorbehalten
Ganasche: Verbindungsstück von Hals und Kopf, zwischen dem hinteren Rand des Unterkieferbeins und dem Atlasflügel
gespalten: Bezeichnung für eine Kruppe, die (besonders bei Kaltblütern) beiderseits der Wirbelsäule so stark bemuskelt ist, daß über dieser eine Rinne entsteht
Halbblut: international alle Pferderassen und -schläge, soweit sie nicht Vollblut, Kaltblut oder Ponys sind; in Deutschland alle Pferde, bei denen nur ein Elternteil 100%iges Vollblut ist
Hechtkopf: Kopf mit konkaver Nasenlinie – z. B. Araber
Hirschhals: fehlerhafter Hals mit stark entwickelter Unterhalsmuskulatur; macht Schwierigkeiten bei der Beizäumung
Hosen: Die Unterschenkelmuskulatur des Pferdes
Isabell: Pferd mit gelblicher oder cremefarbiger Grundfarbe und weißem Langhaar
Jagdreiten: früher Hetzjagd hinter der Meute auf lebendes Wild; heute meist Schleppjagd (d. h. auf künstlicher Fährte)
Jucker: leichtes, elegantes Kutschpferd – z. B. Shagya, Furioso-Northstar
Kaliber: Verhältnis von Widerristhöhe zu Gewicht
Kaltblut: alle schweren Arbeitspferde mit entsprechenden Rassemerkmalen: schweres Kaliber, großer plumper Kopf, kurzer, dicker Hals, oft Doppelmähne, gespaltene Kruppe, wenig getragener Schweif, kurze, stämmige Gliedmaßen von erheblicher Knochenstärke, Behang
Karossier: großes, schweres Kutschpferd – z. B. Anglo-Normänner, Holsteiner, Oldenburger

Karpfenrücken: aufgebogener Rücken
Kötenzopf: Behang an der Köte (Fesselkopf)
Krötenmaul: unpigmentiertes, fleischfarbenes Maul
kuhhessig: zehenweite, sprunggelenksenge Stellung der Hinterbeine
Military: große Vielseitigkeitsprüfung, die eine Dressurprüfung, einen Geländeritt und eine Springprüfung umfaßt
Pacerrennen: in USA Rennen mit im Paßgang laufenden Standard Bred Pferden
Postier: französische Bezeichnung für die gängigen, harten, dem Warmblut nahen Typen der kaltblütigen Zugpferderassen (z. B. Bretone)
Rahmen: Proportionen des Pferdekörpers: Verhältnis von Vorderhand zu Hinterhand, Lagerung und Winkelung von Schulter und Becken zu Oberarm und Oberschenkel, Verhältnis von Hals-, Rücken- und Kruppenlänge zueinander
Ramskopf: Kopf mit konvexer Nasenlinie – z. B. Andalusier, Berber
Remonte: die regelmäßige Auffrischung des Pferdebestandes der Truppe durch junge Pferde (Remontepferde, Remonten)
säbelbeinig: stark gewinkeltes Hinterbein
Schwanenhals: besonders langer, gebogener Hals, der aber reiterliche Schwierigkeiten bietet
Sulky: leichter, zweirädriger Karren für Trabrennen
Trabrennen: in Amerika und Rußland entstandene Prüfung auf äußerste Schnelligkeit im Trab
trocken: in Konturen und Linien scharf gezeichnet
Vollblut: Arabisches Vollblut, mit OX hinter dem Namen bezeichnet, und Englisches Vollblut, mit XX bezeichnet; Anglo-Arabisches Vollblut mit X hinter dem Namen bezeichnet.
Voltigieren: Gymnastik und Turnen am galoppierenden Pferd
Warmblut: in Deutschland gebräuchlicher, übergeordneter Begriff: umfaßt die beiden Vollblutrassen und alle international als Halbblut bezeichneten Rassen und Schläge

Sachregister